Laura Perls

LEBEN AN DER GRENZE

EHP - EDITION HUMANISTISCHE PSYCHOLOGIE

Hg. Anna und Milan Sreckovic

Zur Autorin:

Geboren 1905 als Lore Posner in Pforzheim; Studium der Psychologie (u.a. bei Wertheimer, Gelb und Goldstein) und Promotion 1932 in Frankfurt/ M.; psychoanalytische Ausbildung in Frankfurt/ M., Berlin und Amsterdam und zusammen mit ihrem Mann Fritz Perls Gründung des ersten psychoanalytischen Instituts in Johannesburg (Südafrika), wo sie von 1933 bis 1947 eine psychoanalytische Praxis unterhielt; Mitbegründerin der Gestalttherapie und des *New York Institute for Gestalt Therapy*; seit 1947 lebte und arbeitete Laura Perls in Ihrer psychologischen Praxis in New York und lehrte Gestalttherapie in den USA und in Europa; sie starb 1990 in Pforzheim.

Laura Perls

LEBEN AN DER GRENZE

Essays und Anmerkungen zur Gestalt-Therapie

Herausgegeben von Milan Sreckovic

- EHP 2005 -

www.ehp.biz
Deutsche Fassung autorisiert von Laura Perls
Aus dem Amerikanischen von Reinhard Fuhr und Anna Sreckovic

Bibliografische Information der Deutschen Nationalbibliothek
Die Deutsche Nationalbibliothek verzeichnet diese Publikation in der Deutschen Nationalbibliografie; detaillierte Daten sind im Internet über http://dnb.d-nb.de abrufbar

3. Auflage 2005
Umschlagentwurf: Robert de Zoete
Satz: HSH Fotosatz, Heinsberg
Gedruckt in der EU

ISBN 978-3-926176-11-0

Inhaltsverzeichnis

Vorbemerkung des Herausgebers

Für viele Bücher ist ein Vorwort oder eine Einleitung unerläßlich. Die Leser werden auf den sie erwartenden Text vorbereitet; das Unvorhergesehene, die Überraschung soll nicht überwältigend sein. Die einleitenden Worte sollen die Leser für das Werk interessieren und ermutigen, es bis zum Ende durchzulesen.

Wer Laura Perls oder ihre Schriften kennt, weiß, daß sie erstens keines Vorworts bedarf und zweitens, daß es ihr in ihrem Leben und in ihrer Arbeit als Psychotherapeutin und Ausbilderin mehrerer Generationen von Gestalttherapeuten auf spontane und unmittelbare Begegnung ankam, der überraschende Erlebnisse und Erkenntnisse immanent sind.

Die Einladung zur Auseinandersetzung mit ihren Schriften ist in der Person, im Dasein der Autorin begründet, die für mich nicht nur als Psychologin, sondern vor allem als Mensch die geistige Integration zwischen Europa und den Vereinigten Staaten verkörpert. Von ihrer Studienzeit in Frankfurt als Schülerin M. Bubers, P. Tillichs, K. Goldsteins, E. Gelbs u. a., ihrer Lehranalyse bei K. Landauer und F. Fromm-Reichmann und der Nähe zu den Begründern der sogenannten Frankfurter Schule über die vielfältigen Kontakte zu Künstlern und Geisteswissenschaftlern im Berlin der endzwanziger Jahre und ihrer Flucht 1933 bis zur Ankunft in New York 1947 und der Freundschaft mit D. McDonald und P. Goodman sowie den Kontakten zum Living Theatre hat sie die Impulse erhalten und gegeben, die in diesem Jahrhundert für die kulturelle und soziale Entwicklung entscheidend waren. Eine »Zwischenperson« als Vermittler/in ist hier überflüssig und sogar störend. Laura Perls ist selbst »Zwischenperson«. Zwischen Leser/in und Autorin mögen nur gemeinsame Worte den Raum füllen, gemeinsame Worte deshalb, weil Laura Perls uns etwas gemeinsames mitteilt. Daher werde ich im folgenden nicht auf die einzelnen Beiträge eingehen, sondern mich auf einige eher bibliographische Hinweise zum Inhalt dieser Sammlung beschränken.

Das vorliegende Buch beinhaltet ein Interview, das Transskript einer Gruppentherapiesitzung, Aufsätze und Vorträge aus einem Zeitraum von fünfzig Jahren; d. h. mit diesen ausgewählten Schriften der Mitbegründerin der Gestalttherapie wird ein Teil der Entwicklung und der Geschichte der Gestalttherapie dokumentiert, wobei der Übergang von der Psychoanalyse zur Gestalttherapie deutlich wird.

Zum ersten Mal werden hiermit ausgewählte Schriften der Autorin in Buchform präsentiert. Die Texte (außer Kapitel IX und XI) liegen in dieser Veröffentlichung erstmalig in deutscher Sprache vor.

Ich bin Laura Perls sehr dankbar dafür, daß sie uns die Möglichkeit gegeben hat, ihre mannigfaltigen Gedanken einem breiten Publikum im deutschen Sprachraum zugänglich zu machen.

Milan Sreckovic
Februar 1989

Nichts ist drinnen, nichts ist draußen,
Denn was innen ist, ist außen.

GOETHE

I

Erziehung zum Frieden

Als Psychoanalytikerin, die sich mit der Frage »Wie soll man Kinder für den Frieden erziehen?« auseinandersetzen soll, befinde ich mich in einer außerordentlich schwierigen Lage. Wie Sie wahrscheinlich alle wissen, betrachten Psychoanalytiker die Menschen und ihr Verhalten nicht von einer moralischen, sondern von einer psychologischen, d.h. von einer sachlichen Perspektive aus. Wir versuchen, die Dinge so zu sehen, wie sie wirklich sind, nicht, wie sie sein sollten. Bevor wir daher irgend einen Vorschlag dazu äußern können, wie man die Erziehung von Kindern für den Frieden angehen kann, müssen wir zunächst die Bedingungen und Möglichkeiten ermitteln, die mit dieser Aufgabe zusammenhängen. Vielleicht werden wir auch einige Illusionen zerstören müssen, an denen viele Menschen leiden, die ihre Wünsche an die Stelle von Tatsachen setzen.

Ich möchte Ihre Aufmerksamkeit besonders auf die Tatsache lenken, daß die Forderung nach Frieden in krassem Gegensatz zu einem der vitalsten Instinkte jedes Lebewesens steht, nämlich der *Aggression*.

Unter »Aggression« verstehen die meisten Menschen den Wunsch, anzugreifen, zu zerstören und zu töten. Deshalb verurteilen sie sie voll und ganz, und der allgemeine Trend in unserer Zivilisation geht seit vielen Jahrhunderten hin zu einer mehr oder weniger vollständigen Unterdrückung dieses offensichtlich höchst gefährlichen Instinkts.

Wie wir alle wissen, ist das Kleinkind noch ein kleiner Wilder, ein ungezähmtes Tier, dessen Verhalten ausschließlich vom Lustprinzip geleitet wird und noch nicht von den Anforderungen der Realität. Die Schritte, die unternommen werden, um das Kind an die Realität anzupassen, sind wahrscheinlich in jeder Familie etwas unterschiedlich. Für die durchschnittliche Familie können sie kurz auf folgende Weise skizziert werden: Jedem deutlichen Zeichen von Aggression beim Kind (Schreien, Treten, Beißen, Dinge zerbrechen etc.) wird von den Erwachsenen mit mehr oder weniger großer Mißbilligung begegnet, die von »Tu' das nicht, Liebling!« über Ungeduld und Gereiztheit bis zu Temperamentsausbrüchen und schweren Strafen reicht. Pflichtbewußte Eltern versuchen, ihre Ideale eines guten Bürgers — die sie, nebenbei gesagt, gewöhnlich selbst nicht erfüllen können — in ihren Kindern zu verwirklichen. Das Kind soll gutmütig, gehorsam, respektvoll sein. Und mit unterschiedlichen Methoden — indem man entweder an die Furcht des Kindes vor Verärgerung und Bestrafung oder an seinen Wunsch, geliebt zu werden, appeliert — wird dieses Ziel gewöhnlich erreicht.

Man sollte nun erwarten, daß Menschen, die von Anbeginn ihres Lebens dazu erzogen wurden, Rücksicht auf ihre Nachbarn zu nehmen, Eigentum zu respektieren, der Autorität zu gehorchen, die bestmögliche Erziehung für den Frieden hätten. Aber, wenn wir uns heute all die Länder ansehen, in denen die Menschen hunderte von Generationen lang auf gleiche Weise großgezogen wurden, müssen wir zugeben, daß die Ergebnisse ziemlich enttäuschend sind. Wo wir auch hinschauen, sehen wir Menschen, die Vorbereitungen für Kriege treffen, Jugendliche, die enthusiastisch in den Krieg ziehen, und Philosophen die Rechtfertigungen für den Krieg zu finden versuchen und dessen Notwendigkeit unter Beweis stellen wollen; und dies trotz aller religiösen und humanitären Ideale. Wie können wir das erklären?

Um dies herauszufinden, müssen wir die übliche Konzeption von »Aggression« sehr genau untersuchen. Diese Konzeption ist ausschließlich von den Wirkungen abgeleitet, welche der Ausdruck der Aggression auf die Menschen hat, die ihr ausgesetzt sind. Die Aggressivität des Kleinkindes beispielsweise verursacht eine Menge Unbequemlichkeit und Ärger für die Erwachsenen. Deshalb betrachten die meisten Menschen sie, wie ich schon erwähnte, als unerwünscht und versuchen, den Willen des Kindes zu brechen. Aber sie unterdrücken nicht nur seine »Ungezogenheit«, sein Weinen und Schreien, Beißen, Treten und Kratzen, Zerreißen und Zerbrechen von Gegenständen usw., sondern auch seine Neugier und seinen Forscherdrang. Natürlich *ist* der Forscherdrang des Kindes — genau so wie seine physische Aggressivität — für die Erwachsenen sehr aufreibend; dessen Befriedigung erfordert so viel Zeit und Geduld, er kann zeitweise sehr lästig sein und uns sogar dazu zwingen, unsere eigene Ignoranz zuzugeben, was viele Menschen als sehr ernste Beeinträchtigung ihrer elterlichen Autorität ansehen. Aber auf der anderen Seite sind Neugier und Forscherdrang unverzichtbare Voraussetzungen für die intellektuelle Entwicklung des Kindes, für seine Fähigkeit zu lernen und zu forschen, Menschen und ihre Situationen zu verstehen. Die vollständige Unterdrückung der Aggressivität verursacht, wenn schon nicht Dummheit, so doch sehr schwerwiegende intellektuelle Beeinträchtigungen, Blockierungen des unabhängigen Denkens und einen Mangel an Kritikfähigkeit. In der Familie mag dies zunächst sogar als ein Vorteil erscheinen, da unabhängiges Denken sicherlich nicht vor der Autorität der Erwachsenen halt machen und keine respektvolle Haltung hervorbringen würde. Die Forderung nach Respekt impliziert, daß man das Tun und Sagen der Erwachsenen nicht in Frage stellen soll, daß man das tun soll, was einem gesagt wird, daß man glauben soll, was einem gelehrt wird, ganz allgemein, daß man akzeptieren und nicht kritisieren soll. Im übertragenen Sinne könnte man sagen, daß dem Kind eine Menge eingetrichtert wird, ohne daß es ihm erlaubt wäre, zu beißen und zu kauen und es ordentlich zu verdauen. Tatsächlich ist dies nicht nur eine passende ad hoc erfundene Allegorie, sondern die Möglichkeit, physische Nahrung zu beißen, zu kauen, zu verdauen und zu assimilieren — und auf der anderen Seite die Kraft zu denken, zu kritisieren, zu verstehen, d.h. intellektuelle Nahrung zu assimilieren — sind nur eine Differenzierung ein und desselben aggressiven Instinkts. Unsere psychoanalytische Erfahrung zeigt, daß die Unterdrückung der einen Seite die andere Seite sehr ernsthaft beeinträchtigt und umgekehrt.

Ich denke, es ist nicht notwendig, daß wir uns auf eine ausführliche technische Erörterung des Problems einlassen — die Kürze der Zeit erlaubt dies auch nicht. Ich bin sicher, sie merken bereits, worauf ich hinaus will. Wenn Sie verstanden haben, welche wichtige Funktion der aggressive Instinkt in der Entwicklung des Kindes spielt, können Sie sich sicher vorstellen, daß die Konsequenzen unserer traditionellen Erziehung so katastrophal sein müssen, wie sie es tatsächlich sind.

Menschen, die in mehr oder weniger blindem Gehorsam erzogen wurden, die nicht unabhängig denken und handeln können — aus ihrer eigenen Einsicht und aus ihrem eigenen Willen heraus —, sondern nur das tun können, was ihnen gesagt wird, sind eine leichte Beute für jeden, der — zu Recht oder Unrecht — Führerschaft übernimmt. Diese Menschen werden alles glauben und akzeptieren, was ihnen mit genügend Nachdruck eingeredet wird — sei es mit Versprechungen oder mit Gewalt. Da sie ihre Fähigkeit zur Kritik nicht ausgebildet haben, besitzen sie keine Möglichkeit, soziale und politische Bedingungen wirklich zu verstehen und ihrer Einsicht und ihrem Urteil gemäß zu handeln, sie werden von jeder Zurschaustellung offensichtlicher Stärke überwältigt und erliegen jeder großmäuligen Propaganda. Hauptsächlich auf diese Weise müssen wir die ansonsten unglaubliche Tatsache erklären, daß der Faschismus solch eine riesige Zahl von Anhängern in solch verhältnismäßig kurzer Zeit gewinnen konnte, nicht nur in den Ländern, in denen er entstanden ist, sondern in der ganzen Welt, in Ländern, die sich sehr stark in ihrer historischen Entwicklung, ihrem politischen System, ihrem Nationalcharakter oder was immer normalerweise als entscheidende Voraussetzung für die Akzeptanz neuer politischer Ideen angesehen werden mag, unterscheiden.

Natürlich ist die intellektuelle Unreife nicht die einzige Folge der Unterdrückung früher kindlicher Aggressionen, die für die rasche Verbreitung des Faschismus verantwortlich gemacht werden kann. Gleichbedeutend für die Eigenart faschistischer Einstellung ist beispielsweise die Tatsache, daß die Verdrängung der *individuellen* Aggression unweigerlich zu einem Anstieg der *universellen* Aggression führt. In allen hochzivilisierten Ländern können wir sehen, daß — während der Durchschnittsmensch seine aggressiven Möglichkeiten auch nicht annähernd entwickelt hat, sondern im Gegenteil sehr zurückhaltend, artig, sogar scheu vor Komplikationen ist — die Gemeinschaft ihre Aggressionsmittel zu absolut erschreckenden Extremformen entwickelt hat. Die Verbesserung der Kriegsmaschinerie — Gewehre, Panzer, Flugzeuge, Bomben, Giftgas, militärische Ausbildung und strategische Effizienz — scheint direkt proportional zur Unterdrückung individueller Aggressivität zu sein, als wenn die verdrängte Aggression all der Menschen zu etwas akkumuliert worden wäre, das über die einzelnen hinaus geht und seinen Ausweg einfach erzwingen müßte.

Nun, wir sind der Wahrheit ziemlich nahe. Tatsächlich kann ein *Instinkt* nicht verdrängt werden, nur seine Ausdrucksformen können es. Die aggressiven Energien bleiben die gleichen und müssen einen Ausweg finden. In einigen Fällen kann die Ausdrucksform in den Widerstand *gegen* die Aggression fließen, d.h. in die Entwicklung des Wissens (welches das Wünschenswerteste zu sein scheint), wie man diese Energien nutzen kann; dies ist auch problematisch, aber ich kann es wegen der Kürze der Zeit hier nur erwähnen, nicht ausführen.

Sehr häufig äußern sich die verdrängten aggressiven Energien in zwei höchst unerwünschten Phänomenen: in der Neurose und der Delinquenz. Und in gewisser Hinsicht sind beide Grundsäulen für den Militarismus und den Faschismus. Daß eine Regierung, ein General oder Führer (im Original deutsch) die Verantwortung von den Schultern der Menschen nimmt, hat einen Effekt wie das Entfernen des Deckels von einem Kessel mit kochendem Wasser. Wie unter Druck stehender Dampf schießt die lange Zeit verdrängte und angehäufte Aggression einfach heraus. Aber, weil sie so vollständig verdrängt war, konnte sie nicht in irgendeiner Weise verwandelt (»sublimiert«) werden; es ist immer noch die ursprüngliche Aggressivität des Kleinkindes: ungeschickt, grausam, bestialisch — nur jetzt mit der physischen Macht der technischen Mittel der Erwachsenen ausgeführt. Die Erlaubnis, im Krieg oder unter ähnlichen Bedingungen Handlungen zu begehen, die unter normalen Umständen die soziale und rechtliche Verurteilung des einzelnen nach sich ziehen würden, bedeutet tatsächlich eine Auflösung, eine Vernichtung der frühen kindlichen Aggressionshemmungen. Und die Person oder das System, die diese Erlaubnis geben, nehmen den Platz der frühen kindlichen Autoritäten (Vater, Mutter, Lehrer usw.) ein. Aber, während diese Autoritäten die Hemmungen *auferlegten* und daher vielleicht auf gewisse Ressentiments und Ängste stießen, wird die Autorität, die diese Hemmungen *aufhebt*, ohne Vorbehalte akzeptiert; sie wird als Befreier und Retter willkommen geheißen; und die Fixierung, die dabei erzeugt wird, kann genau so stark, ja vielleicht noch stärker sein als die frühen kindlichen Fixierungen.

Ich habe ein ziemlich düsteres Bild gemalt. Ich fürchte, daß es nicht ganz das war, was sie erwartet hatten und daß ich sogar den Eindruck erweckt haben könnte, ganz vom Thema abgewichen zu sein. Zurück also zu unserem Thema! Wie können wir unsere Kinder für den Frieden erziehen? — *trotz* oder vielleicht *mit* den Tatsachen, die ich dargestellt habe.

Unser erster Schritt muß darin bestehen, daß wir unser Konzept von »Aggression« revidieren. Aggression ist nicht nur eine destruktive Energie, sondern die Kraft, die hinter all unseren Aktivitäten steckt, ohne die wir überhaupt nichts tun könnten. Aggression führt nicht nur dazu, daß wir angreifen, sie macht es uns auch möglich, Dinge anzupacken; sie zerstört nicht nur, sie baut auch auf; sie veranlaßt uns nicht nur dazu, zu stehlen und zu rauben, sondern sie steht auch hinter unseren Bemühungen, das in den Griff zu bekommen, zu beherrschen, worauf wir ein Recht haben.

Deshalb kann es überhaupt keine Frage sein, ob wir verdrängen oder nicht verdrängen sollten. Da Aggression eine unverzichtbarere Energiequelle des Menschen ist, müssen wir sie nutzen, d.h. sie zu einem wertvollen Instrument für unsere Lebensführung machen. Das bedeutet, daß wir besonders die ersten Zeichen der Aggression beim Kleinkind nicht behindern, sondern sie statt dessen ermutigen und ihr angemessenes Material zur Verfügung stellen sollen. Am Anfang bedeutet das hauptsächlich genügend Nahrung — da Mangel immer Gier erzeugt. Sobald die Zähne zu wachsen beginnen, will das Kind beißen und braucht daher feste Nahrung und beißfestes Spielzeug. Andernfalls wird es einfach in das beißen, was es in den Griff bekommt, sogar in den Finger der Mutter oder die Brust; aber wenn es das tut, solltc dies nicht als ein Verbrechen betrachtet werden. Später sollten die Spielsachen so sein, daß das Kind damit etwas tun kann: Klötze, Sand, Ton, Papier, Malstifte usw. Sie sollten die kreativen und konstruktiven Fähigkeiten des Kindes anregen. Spielsachen, die nur verdorben oder zerstört werden können, ohne daß sie Material für neue Aktivitäten hergeben, sind nutzlos. Da, wo die Eltern pazifistisch eingestellt sind, werden sie ihren Kindern wahrscheinlich kein Kriegsspielzeug geben: Gewehre, Soldaten usw. Aber, selbst wenn sie es tun, glaube ich nicht, daß das Kind sein ganzes Leben lang unter diesen recht oberflächlichen Einflüssen leidet, wenn es ganz allgemein gelernt hat, unabhängig zu denken und zu handeln.

Und so komme ich wieder zu dem Punkt, den ich am stärksten hervorheben möchte: Mütter — und Väter — sollten die Kinder von Anfang an zu geistigen Aktivitäten ermutigen. Kindern sollte es erlaubt sein, etwas herauszufinden, selbst wenn das gelegentlich bedeutet: eine Puppe zu zerbrechen und nachzusehen, was in ihr drin ist. Die Fragen von Kindern sollten beantwortet, und ihnen sollten keine Informationen vorenthalten werden. Das Kind weiß noch nichts, seine Neugier und sein Forscherdrang sind seine einzigen Mittel, mit denen es Wissen und Erfahrung erwerben kann. Wenn ihm dauernd gesagt wird: »Sei doch nicht albern!«, wenn ihm das Gefühl gegeben wird, daß es zu klein und zu jung ist, um etwas zu verstehen und daß es den Erwachsenen nur bei ihrer Arbeit oder ihren Vergnügungen im Wege steht, wird es sich nicht von seinen Minderwertigkeitsgefühlen befreien können, wenn es erwachsen geworden ist. Das Kind ist nur mit der Gegenwart beschäftigt und behält seine frühen Reaktionen auf seine Umwelt als Muster für sein ganzes künftiges Leben bei. Es wird dann seine eigenen Meinungen und eigenen Leistungen immer als klein und unbedeutend im Vergleich zu denen anderer Leute betrachten. Es wird vielleicht noch nicht einmal versuchen, etwas aus eigenem Antrieb zu tun und seine eigenen Gedanken zu denken, sondern es wird nur das tun und glauben, was ihm gesagt wird. Und das bedeutet, daß es ein sehr problematisches soziales und politisches Wesen sein wird, daß es ungeschickt und unzuverlässig sein wird. Aber ein Kind, das seine Aggressionen nicht verdrängt, das gelernt hat, sie zu nutzen und sie zu handhaben, wird in *intelligenter* Weise am sozialen und politischen Leben teilnehmen.

II

Anmerkungen zum Mythos des Leidens und der Sexualität

I.

Als das fehlende Glied den letzten Baum verließ, den Baum der Erkenntnis, und auf seinen zwei Beinen von dannen ging — die brennenden Wälder hinter sich lassend — hatte Adam, der zum Menschen wurde, die Ursünde begangen. Er und seine Nachkommen wurden aus dem Paradies vertrieben und zu lebenslanger Mühsal, an dessen Ende der Tod stand, verurteilt.

Der biblische Mythos, durch die Jahrtausende hindurch als wahre Geschichte des ersten Menschenwesens akzeptiert, muß eine angemessene Symbolisierung des Menschen ganz am Beginn seiner Entwicklung darstellen. Darüber hinaus wird die Beständigkeit und Gültigkeit des Mythos durch die früheste Erfahrung jedes Menschen am Beginn seines persönlichen Lebens bestätigt. Jeder Mensch wird aus dem intrauterinen Paradies vertrieben und muß sich den Leiden seiner eigenen abgetrennten Existenz und der ständigen Bedrohung durch seinen eigenen, unausweichlichen persönlichen Tod stellen.

Während der letzten wenigen Jahrhunderte haben die biblischen Mythen einiges von ihrer ursprünglichen Gültigkeit eingebüßt. Die offensichtliche Diskrepanz zu den Ergebnissen wissenschaftlicher Forschung hat dazu geführt, daß sie durch die rationaler Gesonnenen bewußt aufgegeben wurden. Aber die Konzepte des »Sündenfalls« oder des »Fluchs von Mühsal und Tod« durchdringen immer noch unsere gegenwärtige Existenz; ersteres Konzept ist eingebettet in das apriorische Schuldgefühl, das eine ständige Anstrengung nach der Rechtfertigung unserer Existenz fordert, letzteres Konzept in die alles durchziehende Hoffnungslosigkeit und Gleichgültigkeit, die an die Stelle der rational unhaltbaren Erwartung auf eine Wiedergutmachung im jenseitigen Leben getreten ist. Diese Hoffnungslosigkeit erscheint mir nicht, wie allgemein angenommen, ein Ergebnis der, sondern vielmehr als eine Bedingung für unsere gegenwärtigen politischen und wirtschaftlichen Umstände. Überindustrialisierung, Krieg und die Atombombe sorgen für eine bequeme Projektionsleinwand für die nicht erkannte Mißinterpretation der menschlichen Situation, wie sie heute existiert.

In den westlichen Kulturen gibt es noch keinen gültigen Mythos, der an die Stelle des alten, überholten getreten ist und der eine Erleichterung für die menschliche Entwicklung und eine Orientierung für das menschliche Verhalten sein könnte, welche Wissenschaft und Technologie allein nicht erbringen können. Aber ein Mythos kann nicht *ad hoc* erfunden werden. Er wächst aus der unbewußten Wahrnehmung der menschlichen Position und berührt die unbewußten Schichten der Persönlichkeit, wie z. B. das automatisierte Verhalten, sogar noch lange, nachdem der manifeste Inhalt bewußt zurückgewiesen oder »wissenschaftlich« erklärt worden ist. An dieser Stelle können wir nur versuchen, die überholten traditionellen Haltungen zu entautomatisieren, die alten Mythen zu entlarven und neu zu interpretieren, die Kräfte und Möglichkeiten zu entdecken und zu integrieren, die daran gehindert wurden, ins Bewußtsein zu treten, und zwar nicht nur im neurotischen Individuum, sondern in der gesamten menschlichen Spezies. Wir müssen den Boden für das Wachstum eines neuen Mythos reinigen, eines Mythos, der die Menschheit stärken und führen könnte in der Periode ihrer Entwicklung, in die sie gerade eintritt, und die der menschlichen Existenz eine Bedeutung geben könnte, die ihrer Entwicklung gemäß ist. Die biblischen Mythen von Adams Sündenfall und der Passion konnten diese Bedeutung und diese Führung viele Jahrhunderte hindurch geben, aber die bloß wissenschaftlichen Theorien von Marx und Freud und die Philosophie Nietzsches konnten dies nicht, nicht einmal für einige wenige Jahrzehnte. Bei der bewußten Verarbeitung einer wissenschaftlichen Theorie zu einem Mythos geht der wissenschaftliche Boden bald verloren, und was bleibt ist eine Pseudo-Wissenschaft und ein Pseudo-Mythos: die totalitären Monstrositäten des Hitlerismus und Stalinismus.

II.

Gewöhnlich wird der Legende von Adam und Eva eine sexualmoralische Interpretation gegeben; Versuchung und Verführung, Ungehorsam und Bestrafung sind ihre hauptsächlichen Inhalte. Aber, um aus einer Legende einen gültigen Mythos werden zu lassen, ist die rationale Moral nicht kraftvoll genug. Damit sie der menschlichen Entwicklung für die kommenden Jahrhunderte eine Richtung zu geben vermag, muß sie tief in dem biologischen Sein verankert sein.

Die sexuelle Interpretation der Legende scheint in seltsamer Weise unangemessen, die Gültigkeit des Mythos zu erklären. Paradoxerweise stellt sie das als sündig dar, was der geringstmögliche Bruch in der paradiesischen Konfluenz ist: Adam »erkannte« Eva. Er wurde sich des Unterschiedes zwischen den Geschlechtern bewußt, also ihrer Andersartigkeit. Aber auf dem Höhepunkt des sexuellen Orgasmus geht diese Bewußtheit des Unterschiedes wieder verloren. Der Mensch erfährt sich selbst als vollständig involviert in einen natürlichen Prozeß und nicht nur als Teil davon, sondern als »es«: »Und sie sollen sein ein Fleisch«. Jeder einzelne sexuelle Akt trägt, wenn er bis zu seiner Vollendung geführt wird, die Sühne des Verbrechens der Erkenntnis und der Entfremdung in sich. Daher scheint die sexuelle Interpretation der Legende unreif zu sein und ihre Fortsetzung in einem Mythos ein zwanghaftes Symptom. Was ursprünglich als Verbrechen empfunden wurde, ist nicht der sexuelle Aspekt, sondern die tatsächliche Bewußtheit des Unterschieds im weitesten Sinn. Der Mythos des Sündenfalls repräsentiert nicht einen »moralischen« Fall aus der »*geistigen*« Gnade (diese Konzeptionen würden eine fortgeschrittene Entwicklung in der Abstraktionsfähigkeit erfordern, die wir auf keinen Fall vom Menschen in den ersten Phasen seiner menschlichen Existenz erwarten können), sondern vielmehr einen tatsächlichen Fall des Affen vom Baum, der auf seinen Hinterbeinen aufkommt und der seinen Hängegriff am jetzt brennenden Baum loslassen muß. Natürlich können wir die »Theorie des brennenden Waldes« einfach als einen anderen Mythos betrachten. Das würde ihre Gültigkeit nicht in Frage stellen, sondern eher bestätigen. Wenn schon nicht historisch, so sicher physiologisch. Denn was immer als unterschiedlich erfahren wird, ist aufregend, »brennend«. Der Mensch ist nicht mehr Teil des Baumes, sondern plötzlich seiner selbst als verschieden, abgetrennt, allein gewahr. Und am Beginn seiner Entwicklung erfährt der Mensch dieses Anderssein nicht als »Herausragen« oder »Unabhängigkeit«, sondern als »Fall« und als »Hinauswurf«. Er ist sich seiner Fähigkeit für die Wahrnehmung von Unterschieden und seines Urteils als sein eigenes nicht bewußt, sondern projiziert es auf Gott und den Engel mit dem Schwert, der die verschlossene Tür zum Paradies bewacht.

Wenn, wie es scheint, der Mensch selbst die Barriere gegenüber dem Paradies errichtete, dann können wir annehmen, daß dies im Interesse seiner menschlichen Entwicklung stand oder zumindest zu stehen schien. Die lediglich sexuelle Interpretation unterstützt die Barriere in direkter Weise, da der ungehinderte sexuelle Akt die leichteste und offensichtlichste Rückkehr ins Paradies ist (wie jedes gesunde menschliche Wesen weiß). Der Mensch muß das Schuldgefühl loswerden, das in dem Brechen der Konfluenz einerseits und in der unvollständigen Bewußtheit sowie dem unangemessenen Umgang mit dem Unterschied andererseits wurzelt. Er leitet seine Schuldgefühle auf den harmlosesten Bereich um, nämlich die Sexualität, in der das »Wissen«, die Bewußtheit des Unterschieds, ganz unwesentlich und überflüssig ist (Tiere kopulieren recht effektiv ohne »Wissen«) und wo der kompetente Umgang mit der Situation nicht »bewußt« sein muß, da das Wesen des Aktes ein spontaner orgiastischer Reflex ist.

Die Verlagerung — oder besser gesagt: die Verengung — der ganzen Angelegenheit der Bewußtheit auf den unbedeutendsten Aspekt hat sehr weitreichende Konsequenzen. Einerseits garantiert sie die spezifische Entwicklung des Menschen und läßt seiner Neugier, seinem Interesse und seiner Unternehmungslust für alles — außer Sexualität — freien Raum. Andererseits ist sie verantwortlich für die heimtückischste Aufspaltung in der Entwicklung menschlicher Beziehung. Die eingegrenzten Schuldgefühle lassen den Weg des Mannes offen für objektive Zugehensweisen (Orientierung und Manipulation, Kreativität, Gottähnlichkeit), aber sie belasten die Frau schwer, da sie weit zurückgelassen wird in den animalischen Ketten der Reproduktion und Kinderaufzucht. Die Frau bleibt in der Sexualität involviert, d. h. in der Sünde. Sie ist des Teufels, ist die ewige Verführerin, verachtenswert und geheimnisvoll, denn der Mann *will* sie nicht erkennen; ihr Wert wird nur durch die Geburt von Söhnen anerkannt, die ihrerseits wieder Männer werden, und rechtfertigt auf diese Weise ihre Existenz, während ihre Töchter gerade noch als potentielle Gebährerinnen von Söhnen toleriert werden. Und während der Mann allmählich von seinem Fluch, »im Schweiße seines Angesichts« arbeiten zu müssen, durch seine eigene kreative Einbildungskraft entlastet wird und auf diese Weise die Welt und sich selbst verändert, indem er immer berechtigter, rechtschaffener, gut, klar, kompetent usw. wird, kann nichts die Last einfallsloser animalischer Kreativität der Frau verringern. Bis zur Entdeckung der Elektrizität und der Entwicklung von Geburtenkontrolltechniken blieben die Forderungen nach Häuslichkeit im Grunde während der Jahrhunderte gleich und gaben der kreativen Einbildungskraft nicht viel Raum. Die Frau blieb minderwertig, finster, geheimnisvoll, der Auseinandersetzung mit den Folgen der Sünde in dem begrenzten Rahmen der Häuslichkeit überlassen, sich selbst verachtend und den Mann beneidend.

Der sogenannte Penisneid der Frau hat wenig mit der Überlegenheit der Sexualität des Mannes zu tun, sondern ist — wenn er überhaupt existiert — eine Folge der gleichen zwanghaften Haltung, die die sexuellen Schuldgefühle erzeugte. Der Penis ist in diesem Zusammenhang nicht ein Symbol für sexuelle Überlegenheit, sondern für alles, was nicht sexuell ist, was nicht zum Überleben der Spezies dient, was also mit der Entwicklung der Individualität, ihrer Einzigkeit und relativen Unabhängigkeit zusammenhängt. Die zwanghafte sexuelle Interpretation hat — wie der Begriff Penisneid andeutet — überdies sogar die gegenwärtigen psychoanalytischen Versuche, die Sexualität in das menschliche System zu integrieren, erfaßt. So, wie die Sexualität einst als Quelle allen Übels angenommen wurde, wird sie jetzt als Ursprung allen Segens, als Allheilmittel verstanden, und die *Repression* der Sexualität wurde zum schwarzen Schaf erklärt.

Wir wissen jetzt (oder sollten es wenigstens wissen), daß die bloße Aufhebung sexueller Repression die Tür zum Paradies nicht wieder öffnet. Im Gegenteil: sie fördert, was man eine »negative therapeutische Reaktion« nennen könnte. Ohne vorangehende Stärkung der Ich-Funktionen öffnet die Beseitigung der begrenzten Schuldgefühle (d.h. der zwanghaften Sicherheitsgrenze) lediglich die Tür zu unbegrenzten Schuldgefühlen, die sich auf alle Diskriminierungen und unterschiedlichen Behandlungsweisen beziehen, und drücken sich in einer generellen Desensibilisierung und Gleichgültigkeit und — besonders unter den Jugendlichen — in einem alles durchdringenden Anti-Intellektualismus aus. Die Massenneurose religiöser sexueller Repression wurde abgelöst durch eine Massenpsychose der Industrialisierung und des Totalitarismus. Der Mensch der Gegenwart erzeugt in seiner archaischen Furcht vor der Freiheit eine standardisierte und uniformierte Lebensweise, in der er den geringsten und schlechtest möglichen Gebrauch seiner menschlichen Möglichkeiten für Orientierung und Manipulation macht.

Diese gegenwärtige Gleichgültigkeit und Uniformität hat nichts mit der vergleichbaren Indifferenz des Säuglings oder des Tieres (die gänzlich auf das Fehlen der Fähigkeit zur Differenzierung zurückzuführen ist) gemein, sondern ist eine Folge des Bemühens um die Desensibilisierung und Erstarrung des spezifisch menschlichen Systems. Dies führt zu Lähmung und Projektion, Impotenz und Paranoia.

III.

Alle Versuche des Menschen, den Lebensprozeß zu erleichtern, haben nicht dazu geführt, das Leiden zu überwinden und Freude an der menschlichen Kreativität zu finden, sondern lediglich zu einem Auslöschen des Leidens und der Freude gleichermaßen, so daß das menschliche Wesen im Gefängnis des »Unbehagens in der Kultur« verweilt. An dieser Stelle scheint es dringend notwendig zu sein, sich in Bezug auf Erfahrung und Bewertung des Leidens umzuorientieren. Der Mensch der Gegenwart ist immer noch mit Adams Konzept des Leidens als Strafe, z. B. in Form von Sühne oder Abschreckung, belastet. Das Schuldgefühl, das Gefühl der Sündhaftigkeit ist ein vollständiger Rückzug von der versuchten Handlung (»Ich hätte es nicht tun sollen; ich wünschte, ich hätte es nicht getan; ich will es nie wieder tun; *pater peccavi*«). Aber dieser Rückzug hat nur Sinn, wenn es ein Mißlingen (Fehlbarkeit) gibt; den Erfolg bereut man nicht. Er beinhaltet die Erwartung nach unmittelbarer Befriedigung, die dem Menschen das Gefühl von Perfektion und Allmacht geben würde. Der primitive Mensch — wie seine Majestät das Baby — ist ungeduldig und gierig und unfähig, Spannungen auszuhalten. Da er sich nicht dessen bewußt ist, was er schließlich werden kann, erfährt er den animalischen *status quo* als perfekt und erwartet von jeder Bewegung, die er macht, die unmittelbare Wiederherstellung dieser animalischen Perfektion.

Hier kommt der Teufel ins Spiel, der Genius des Kurzschlusses, der Betrüger Gottes und des Menschen, mit dem Versprechen leichten und unmittelbaren Erfolges (Allmacht = Gottgleichheit). Nicht zufällig konnte die Schlange zum ewigen Bild des Versuchers, des Betrügers, des Teufels werden und dies alles auch bleiben. Der Wurm, der — für wenige Augenblicke nur — eine fast aufrechte Haltung erreicht, dient als perfektes Symbol des *homo sapiens* im frühesten Stadium seiner menschlichen Entwicklung, der vorgibt, weiter zu sein und mehr zu wissen als tatsächlich zu irgend einem bestimmten Augenblick wahr ist. Es ist das begrenzte, »perfekte«, aber betrügerische, zwanghafte Wissen, das auf der Annahme der anmaßenden Haltung und dem

Ausbrüten von voreiligen Interpretationen beruht und das von Gott als »nicht nach seinem Bilde« zurückgewiesen wird. Die anmaßende Haut muß immer wieder abgestreift werden, womit der ursprüngliche Wurm, der im Staub davonkriecht, enthüllt wird.

Gott dagegen enthüllt sich selbst nur insoweit, als Adam sich selbst verstehen kann. »Aus Staub bist Du gemacht, zu Staub sollst Du werden«. Für Adam sind dies die einzig bedeutsamen Merkmale des Menschen: sein Anfang als ein Wurm und sein Ende im Tod. Aber zwischen Staub und Staub erschafft sich der Mensch selbst nach dem Ebenbild Gottes, wie immer dies in jedem gegebenen Augenblick zu verwirklichen ist. Wie jeder andere Zwangsneurotiker, der ein voreilig entworfenes Muster über die gesamte Existenz legt, hält Adam den Teil irrtümlicherweise für das Ganze, die Zufälligkeiten: Teufel und Tod für das Wesentliche: Gott, wie er sich selbst im Menschen offenbart.

Adam verwirft die unerfahrene und unvollständige Selbstverwirklichung nach dem Bilde Gottes. Nachdem er aus der Ganzheit des tierischen Instinktzyklus herausgefallen ist, fühlt er sich schuldig, von seinem Nährboden vertrieben und orientierungslos. Er ist nicht in der Lage, die Unendlichkeit Gottes in seinen eigenen unendlichen Möglichkeiten zu erkennen und wahrzunehmen. Tod und Teufel dagegen sind immer vollständig und endlich. So werden Tod und Teufel für Adam und alle seine Nachfahren für hunderte von Generationen zu Richtungsweisern für seine Orientierung, verdrehte Wegweiser, mit deren Hilfe das fehlgeleitete menschliche Wesen seinen Weg durch das Leben tastet. Verurteilt zur Unwissenheit, zu Leiden und Tod schleppen sich Adam und seine Nachkommen durch die Jahrhunderte, während ein gnadenloser Gott, allwissend und frei von Leiden und über den Dingen stehend zuschaut.

IV.

Einige tausend Jahre später ist Gott nicht mehr nur ein Zuschauer. Er kommt zur Erde als ein einfacher Handwerker, der Armut, Qual und Tod erleidet. Indem er die Dornenkrone des menschlichen Leidens, das Kreuz der menschlichen Sünde trägt, für immer daran festgenagelt ist und daran stirbt, teilt er das Leiden der Menschheit, und durch diesen Akt der Teilhabe erleichtert er das Schuldgefühl des Menschen für seine Unangemessenheit, seine Unvollkommenheit, seine Gottesunähnlichkeit: *ecce homo.*

Seit den Zeiten Adams ist dies der größte und einschncidendste Schritt in der menschlichen Entwicklung im Westen. Er ermöglicht es dem Menschen, sich selbst von dem Fall zu retten, von der unerträglichen Erniedrigung, menschlich (fehlbar) geworden zu sein. Das Herabsteigen Gottes auf das menschliche Niveau von Irrtum, Leiden und Tod ermöglicht es dem Menschen, sich selbst anzunehmen.

Aber hier schleicht sich eine andere Dichothomie ein. Es scheint, daß in der engeren Verbindung zwischen Gott und Mensch und in der Art der Entwicklung, die durch das Christentum erleichtert wurde, der Heilige Geist zum Teufel gegangen ist. Der Veranlasser, der geistigen Entwicklung des Menschen — vom furchtsamen Affen, der vom Baum des Paradieses fiel, bis hin zum menschlichen Wesen, dessen Leiden im Angesicht Gottes stattfindet, — der heilige Geist der kreativen Einbildungskraft wurde im Prozeß der Christianisierung aufgegeben. »In gewisser Hinsicht ist die kreative Imagination dem Christentum und jedem anderen fest verkörperten Mythos zuwider«[1]. Durch die Wahl von Brot und Wein — die früheste einfallsreiche Verwendung natürlicher Ressourcen, die der Mensch fand, um seine primitivsten Bedürfnisse zu befriedigen — als Symbole des Leidens und Sterbens Christi — hat der Mensch die biologische Bestimmung der Kreativität auf ein Nebenprodukt des kreativen Prozesses verlagert.

Am Beginn der menschlichen Entwicklung schien die Kreativität des Menschen natürlich erbärmlich und unendlich fern jeder Widerspiegelung der kreativen Imagination Gottes. Je undifferenzierter und ungerichteter die menschliche Kreativität zu irgend einem Zeitpunkt

[1] Rayner Heppenstall: Two Novels by Leon Bloy. Partisan Review 1948

ist, desto größer wird das Leiden und die Unzufriedenheit, die damit verbunden ist, und desto stärker ist das Bedürfnis nach einem Leben im Jenseits, das für die Frustrationen und Enttäuschungen des Lebens auf dieser Erde entschädigen soll. Aber während Adam sein Leiden als einen Fluch betrachtet, als etwas, das ihn von Natur aus von Gott trennt und das ihm seine Unzulänglichkeit und Fehlbarkeit zeigt, akzeptiert der Christ sein Leiden als das erste und edelste Merkmal des Menschen, als etwas, das ihm ein Anrecht auf einen Platz zur rechten Hand Gottes gibt. Indem der Christ etwas, was zufällig in der menschlichen Entwicklung geschah, als endgültig, als das wesentliche, ewige und höchst wünschenswerte Merkmal des Menschen ansieht, gibt er den heiligen Geist auf, den Geist kreativer Entwicklung, und zieht sich in eine entkräftete Existenz der Stagnation (»seelig sind die Sanftmütigen«, »seelig sind, die da Leid tragen«, »seelig sind, die da geistig arm sind«[1] oder in die Hoffnung ewigen Glücks im jenseitigen Leben zurück.

V.

Die erste biblische Geschichte von der Schöpfung der Welt enthält eine viel gültigere Repräsentation des ewig gegenwärtigen kreativen Geistes als der christliche Mythos: »Und der Geist Gottes schwebte über den Wassern.« Nichts könnte den Zustand »kreativer Indifferenz«, den Nullpunkt, von dem aus jede Entwicklung möglich ist, besser symbolisieren. Und der Mythos des siebentägigen Vorgangs der Weltschöpfung ist immer noch eine gültige Symbolisierung von beidem: der Naturgeschichte und Gottes kreativer Imagination, die Welt geworden ist.

Aber der siebte Tag ist lange vorbei und Gott ruht nicht ewig. Des Menschen kreative Imagination in der Gestaltung seiner eigenen Ent-

[1] Bibelzitate im deutschen Text wurden aus der Lutherübersetzung entnommen — d.Ü.

wicklung ist eine logische Fortsetzung der Schöpfung der Welt. Die Ursünde liegt nicht in Adams unerfahrener Identifikation mit Gottes kreativer Imagination, sondern darin, daß er sich von ihr entfremdet, indem er sie als Übel betrachtet, als etwas teuflisches, als etwas, was nur zu Leid, Frustration und Tod führt.

Natürlich gibt es Leid und gibt es Übel. Übel ist all das, was den kreativen Prozeß verdirbt, was den Prozeß der integrierten und integrierenden Entwicklung blockiert. Deshalb muß Leiden, das auf der Unterdrückung und Behinderung der Vitalität und der kreativen Imagination (die Hauptquellen menschlicher Entwicklung) beruht, übel sein, sinnlos, verschwenderisch, destruktiv, überflüssig, also alles das, was wir heute neurotisch nennen. Aber es gibt eine andere Art echten Leidens, das ein natürlicher Bestandteil des kreativen Prozesses selbst ist; die Geburtswehen, die Qual des Künstlers, die wissenschaftlichen Zweifel, die charakteristisch für einen kraftvollen Prozeß in seinen dynamischsten Phasen sind. Wenn sich einmal eine definitive, gültige Gestalt herausgebildet hat (das Kind, das Kunstwerk, die mathematische Formel), ist die Spannung gelöst (Leiden ist nichts anderes als ungelöste Spannung), und es gibt Befriedigung und Freude.

Das Alte Testament erzählt uns nichts darüber, daß Gott bei der Schöpfung der Welt gelitten hat. Es bedurfte des Lebens und Sterbens Christi, um diese unreife Auslassung wiedergutzumachen und um dem Leiden den rechtmäßigen Platz in der kreativen Entwicklung einzuräumen. Der kreative Prozeß, für den Christi Leiden steht, ist eine revolutionäre, soziale und geistige Entwicklung vom Patriarchat zum potentiellen Sozialismus, der die Rechte der Mutter und des Sohnes an der Seite des Vaters hervorhebt, des Schreiners neben der regierenden Priesterschaft, des Untertanen neben der Obrigkeit. Aber indem das Leiden zu einem Status erhoben wird, der unabhängig vom kreativen Prozeß existiert, dessen Teil es ist, öffnet das Christentum Tür und Tor für Unterdrückung und Behinderung und führt sich selbst *ad absurdum*.

Wenn die Geschichte der Schöpfung auch nicht das Leiden Gottes verrät, so zeigt sie doch die Freude und Befriedigung Gottes über den

Gestaltungsprozeß, den er vollendet hat: »Und Gott sah an alles, was er gemacht hatte, und siehe, es war sehr gut«. Adam konnte in seiner affenähnlichen Inkompetenz seine Gottgleichheit nicht in der Freude über die Leistung wahrnehmen; er war zu sehr mit dem Leiden des Gestaltungsprozesses der Menschwerdung beschäftigt. In ihren Geburtswehen nimmt die Mutter nur die Schmerzen wahr, nicht das Kind, so wie sie nach Vollendung der Geburt nur das Kind wahrnimmt und die Schmerzen vergißt. Diese zwei wesentlichen Aspekte des kreativen Prozesses werden in der biblischen Geschichte säuberlich getrennt und unterschiedlichen Protagonisten zugeordnet. Gott hat alle Freude, während Adam alle Schmerzen hat. Kein Wunder, daß er in Ermangelung der Erfolgsfreude Kreativität mit Mißtrauen ansieht und unaufhebbares Leiden als einen Fluch betrachtet. Das Christentum versuchte diese Verzerrung der Bedeutung des kreativen Prozesses gutzumachen, indem es den Status des Leidens von dessen vernachlässigter und verachteter Position zu göttlichem Rang erhob. Aber das tatsächliche biologische Gegenstück, die Freude und der Erfolgsaspekt des kreativen Prozesses hat nur eine sekundäre Bedeutung im christlichen Konzept. Der tote Christus wird begraben und ein Stein wird auf sein Grab gelegt, so daß die Auferstehung nach drei Tagen mehr wie eine magische Belohnung für sein Leiden erscheint, denn als wesentlicher Teil seiner Kreativität. Dies ist wahrscheinlich der Ursprung der Erwartung von einem Leben im Jenseits als Belohnung (Himmel) oder Bestrafung (Hölle) für ein Leben auf der Erde. Die spanische Inquisition, die verlorene Seelen durch Folter und den Feuertod rettet, ist die logische christliche Reaktion auf die kreative humanistische Entwicklung der Renaissance, die den alten griechischen Ansatz wiederbelebte, der den Aspekt der Erregung und Neugier, des Erfolges, der Freude und des Sieges über Widerstände hervorhob.

VI.

Während sich die christliche Mythologie vorwiegend am Leiden orientiert, an der Frustration und am Tod, und ein Leben im Jenseits erfinden muß, im Himmel, wo man für seine Leiden auf Erden belohnt wird oder in der Hölle, wo man für immer bestraft wird, wenn man es wagte, sich seines Lebens zu erfreuen, basiert die alte griechische Mythologie hauptsächlich auf dem Erfolgsaspekt und vernachlässigt die Zweifel und das Leiden jedes Entwicklungsprozesses. Athena entspringt dem Haupt des Zeus ohne Schmerzen und vollständig. Das Ideal des Griechen ist der Held, der Mensch, der vor Schwierigkeiten und Enttäuschungen nicht zurückschreckt, sondern der sie überwindet und eine Position jenseits und über diesen erlangt. Der Held wird schon während seiner Lebenszeit in den Rang eines Gottes erhoben (wie Theseus, Herakles usw.).

Aber wo ist der Ort für Prometheus? An den Felsen gekettet, seine Leber vom Adler zerrissen, ist er Christus am Kreuz, der die Last des menschlichen Leidens im Prozeß seiner Menschwerdung trägt. Aber Prometheus ist auch der Anstifter und Förderer dieser Entwicklung, er ist Lucifer, der Licht- und Lebensbringer. Und er ist auch Adam, der vom Gewissen geplagt, sein Leiden als Bestrafung versteht.

III

Der Psychoanalytiker und der Kritiker

Daniel E. Schneiders Buch *The Psychoanalyst and the Artist* (Farrar, Straus, 1950) ist erfreulich und ärgerlich zugleich. Es ist erfreulich wegen der Fülle an einschlägigem Material, der Beobachtung, Beschreibung und Interpretation von unzähligen psychoanalytischen, künstlerischen und literarischen Daten; es ist ärgerlich und enttäuschend wegen vieler Prämissen und Schlußfolgerungen. Die Verwirrung beruht teilweise auf einer unkritischen Verwendung freudscher Terminologie; teilweise auf dem Abgleiten (trotz gegenteiliger Versprechungen) von der Analyse des Kunstwerkes zur Analyse des Künstlers; aber hauptsächlich auf einer halb-naiven, halb-»wissenschaftlichen« Tendenz zur Vereinfachung, einer Mißachtung der wirklichen Komplexität und Schwierigkeiten der psychoanalytischen ebenso wie der künstlerischen Prozesse. Da jeder Leser ohne Mühe die positiven Aspekte des Buches erkennen und dabei eine Fülle von wertvollen Informationen und Anregungen finden wird, mag es sinnvoller sein, einige seiner gewichtigeren Irrtümer aufzuzeigen.

Ich halte es für ziemlich naiv, *Wahrheit* und *Schönheit* als Ausgangspunkte für die Diskussion des künstlerischen Prozesses zu wählen. Wir erreichen — wenn wir Glück haben — Wahrheit und Schönheit als Endstationen nach einer komplizierten und anstrengenden Reise.

Das Hauptanliegen des Künstlers ist sicher nicht die »ästhetische Verwandlung« von Wahrheit zu Schönheit, sondern die Organisation einer Fülle von verschiedenen, ungleichartigen, unvereinbaren Erfahrungen — die das Individuum oder die Gesellschaft mit Disintegration bedrohen und die daher als häßlich erlebt werden — zu einem bedeutungsvollen integrierten Ganzen, zu einer Einheit, innerhalb deren sie sinnhaft und daher schön sind oder als schön erlebt werden können.

Der Maßstab für einen großen Künstler kann keinesfalls, wie Dr. Schneider glaubt, in dem Grad bestehen, zu welchem er einen Prozeß der Identifikation fördern kann. Die Wirkung irgendeines mittelmäßigen beliebten Films oder sentimentalen Liedes ist genau die, daß sie den Prozeß der Identifikation so leicht und damit jeden differenzierteren Prozeß der Integration überflüssig macht. Identifikation benutzt den infantilen Mechanismus der Konfluenz (Anhänglichkeit, Schlukken von Unverdautem), während der Prozeß der Integration höher entwickelte Prozesse des Kontakts und der Assimilation (Durchkauen, Verdauen) erfordert. Identifikation ist am leichtesten, wo das aktuelle Leben oder der ideale Traum einfach gespiegelt aber nicht zu einer neuen, bedeutungsvolleren Einheit umgestaltet wird. Deshalb identifiziert sich die Mehrheit der Menschen bereitwilliger mit Willy Loman als mit Hamlet, mit Großmutter Moses als mit Picasso, mit dem Schokoladen-Soldaten als mit Figaro.

Es wäre wirklich schlimm, wenn der Schlüssel für Formgebung nur »das Wissen um all die Implikationen der Identifikation« wäre. Wenn dies auf Wahrheit beruhte, würde es lediglich multiple Identifikationen unterstützen: einen akuten neurotischen Konflikt, wenn es gleichzeitig, eine »Als-ob-Persönlichkeit«, wenn es sukzessiv erfolgte. Das künstlerische Schaffen ist gerade die Überwindung von multiplen Identifikationen und ihre Integration (für den Künstler selbst und für seine Audienz) in einer neuen Selbstbewußtheit. Jedes Werk, das diese Selbstbewußtheit nicht hervorbringt, ist kein Kunstwerk.

Die Betonung der Identifikation als das wichtigste kreative Moment wird bei dem Versuch, die Tatsache zu erklären, daß einige Menschen »begabter« sind als andere, selbst *ad absurdum* geführt. Dr. Schneider lehnt sich stark an Freud an *(Leonardo da Vinci)* und behauptet, daß das besonders begabte Kind durch eine Periode intensiver »sexueller« Neugier ginge und sich nicht nur mit Vater und Mutter identifiziere, sondern auch mit dem »ungesehenen« Akt, dem »ungefühlten« Vergnügen und dem »unvorhergesehenen aber unausweichlichen« Ergebnis sexueller Kreativität. Diese im höchsten Maße spekulative Erklärung umgeht in wirksamer Weise das, was ich als das Wesentliche betrachten würde, nämlich, daß »begabte« Kinder sich nicht so sehr mit Vater oder Mutter oder anderen Autoritätsfiguren identifizieren, sondern mit ihren eigenen Prozessen des Wachsens und der Entwicklung und des Entdeckens der Welt. Sie sind von Anfang an wahrhafter »sie selbst«, nicht einfach Bündel von Identifikationen. Sie sind auch keine Paranoiker, die ihre eigene Kreativität auf andere Objekte der Beobachtung projizieren und sie sich wieder durch Identifikation aneignen müssen.

Daher ist Freuds »narzistisches Reservoir«, die »neutrale« Quelle der Energie (viel eher als die Vater-Mutter-Identifikation), nichts anderes als das Vorherrschen von Selbstbewußtheit; primärer Narzismus ist nicht, wie Dr. Schneider es darstellt, ein negativer Zustand, sondern die primäre Form der Selbstbewußtheit des Kindes, die Art und Weise, wie es »ist« und sich selbst »besitzt«. Diese primäre Selbstbewußtheit und ihre Entwicklung über die üblichen Identifikationen hinaus ist es, die den kreativen Künstler ausmacht.

Der Schizophrene dagegen ist der »sekundäre Narzist«, dessen Liebe auf ihn selbst zurückgeworfen wird, weil das Anders-Sein für ihn eine Bedrohung darstellt und unmöglich liebenswert sein kann, nicht weil er seiner selbst als das einzig liebenswerte Objekt bewußt wäre, sondern weil er seiner selbst ebenso wenig bewußt ist, wie er ein Bewußtsein von anderen hat.

Dr. Schneider definiert die künstlerische Begabung als Begabung für *Träume* und für die Technik ihrer Transformation. Meiner Meinung nach ist Kunst eine Art der Transformation oder besser Integration *wirklicher* Erfahrung. Träume sind verzerrte und abwegige Versuche (Freud nennt sie »Akte innerer Unehrlichkeit«), die Realität zu organisieren, ein Abschieben der Kräfte, die zu einer erhöhten Selbstwahrnehmung führen könnten, auf tote Gleise. Nur durch Interpretation — d.h. durch Transformation des unverständlichen Traummaterials in etwas für die gegenwärtige Lebenssituation Bedeutungsvolleres — können diese Kräfte wieder verfügbar gemacht werden. Aber das bedeutet nicht notwendigerweise und unmittelbar eine vollständige und zufriedenstellende Integration von Erfahrung; es bedeutet lediglich die Entdeckung des Rohmaterials und die Beseitigung von Hindernissen. Es ist Psychoanalyse, nicht Kunst.[1]

In seinem Bemühen, die Ähnlichkeiten des künstlerischen und analytischen Prozesses hervorzuheben, übersieht Dr. Schneider ständig den wesentlichen Unterschied, nämlich, daß der Künstler selbst der »Träumer« ist, der Deuter und Verwandler, und konsequenterweise das Kunstwerk »Traum«, Interpretation und Verwandlung in einem ist; während der Psychoanalytiker bestenfalls ein Vermittler (durch Interpretation) zwischen dem Traum (dem neurotischen Konflikt) und der Verwandlung (der neuen Selbstbewußtheit, der Heilung) des *Patienten* ist. In der Psychoanalyse werden die Dinge auseinander genommen, der Analytiker ist nicht selbst in den Konflikt des Patienten involviert. (vgl. Fußnote)

Seine Interpretation ist ein bewußtes analytisches Vorgehen und die endgültige Verwandlung ihrerseits ist vor allem wieder die Erfahrung des Patienten. Der Künstler dagegen ist vollständig involviert; die Last des Konflikts drängt nach Verwandlung, aber das Bewußtsein des Konflikts, seine Interpretation und Verwandlung sind alles *eins*. Der Konflikt wird nur an der Stelle zu voller Bewußtheit zugelassen, wo die Mittel für seine Interpretation und Verwandlung verfügbar sind (andernfalls gäbe es einen neurotischen Zusammenbruch). Der interpretative analytische Aspekt des Kunstwerkes ist der am wenigsten be-

[1] Dies stellt natürlich nicht meine gegenwärtige (1965) Meinung dar. Ich sehe Träume heute als einen direkten Weg nicht nur zum Unbewußten, sondern auch zu der gesamten Persönlichkeit als Darstellung der gesamten Persönlichkeit zur Zeit des Traumes.

wußte und jeweils für die Audienz offensichtlicher als für den Künstler selbst, der sich all der Implikationen seines Werkes sehr oft nicht bewußt ist (und es nicht zu sein braucht). Warum das so ist und wie, ist auch nach Dr. Schneiders mühevollen Anstrengungen ein ebenso großes Rätsel wie je zuvor und der Liebe Mühe ist leider wieder einmal vergebens.

Dr. Schneider hätte besser daran getan, das analytische Vorgehen nicht mit Kunst, sondern mit *Kunstkritik* zu vergleichen. So, wie der Psychoanalytiker ein Vermittler zwischen Traum und Selbstbewußtheit ist, so ist der Kritiker ein Vermittler zwischen einem Kunstwerk und seiner Wertschätzung durch seine Audienz (was in einer neuen Selbstbewußtheit mündet). Seine Funktion ist weitgehend therapeutisch. Er versucht die Hindernisse für die Wertschätzung zu beseitigen und die Armut an künstlerischer Sensibilität zu heilen. Die entsprechenden Methoden der Kritik sind nicht an sich gute oder schlechte, angemessene oder unangemessene analytische Betrachtungsweisen eines Kunstwerks, sondern mehr oder weniger anwendbar für verschiedene Patienten, Betrachter, Leser, Hörer, in Abhängigkeit von ihren je spezifischen Behinderungen emotionaler, semantischer, politischer usw. Art.

»In den Vereinigten Staaten ist der Liberalismus gegenwärtig nicht nur die vorherrschende, sondern sogar die einzige intellektuelle Tradition.« »Das Paradoxe ist, daß sich der Liberalismus vor allem mit den Emotionen beschäftigt; als Beweis dafür steht das Wort Glück im unmittelbaren Zentrum seines Gedankenguts, aber ... im Interesse des großartigen primären Aktes der Imagination, durch welchen er sein Wesen und seine Existenz begründet — das heißt im Interesse seiner Vision von einer generellen Erweiterung und Freiheit und rationalen Orientierung des menschlichen Lebens — treibt er auf eine Verneinung der Emotionen und der Imagination zu.« »Eine der Tendenzen des Liberalismus ist die zur Vereinfachung ..., sodaß wir, wenn wir den Liberalismus in einem kritischen Licht sehen, erwarten müssen, daß es eine Diskrepanz geben wird zwischen dem, was ich die primäre Imagination des Liberalismus genannt habe und seinen gegenwärtigen spezifischen Erscheinungsformen.« »Die Aufgabe einer kritischen Untersuchung scheint daher darin zu bestehen, den Liberalismus an seine primäre, wesentliche Imagination der Vielfalt und Möglichkeit zu erinnern, was auch das Bewußtsein von Komplexität und Schwierigkeit beinhalten würde.«

Dies sind Zitate aus Lione Trillings *The Liberal Imagination* (Viking Press 1950), einem wichtigen therapeutischen Versuch der Vermittlung zwischen dem fast vergessenen liberalen Traum und einer neuen liberalen Selbstverwirklichung.

Wie zu erwarten, leistet Dr. Trilling seinen wichtigsten therapeutischen Beitrag nicht in den Kapiteln über »Freud und die Literatur« oder »Kunst und Neurose«. Aber seine Analyse von Freud illustriert einen bedeutenden diagnostischen Aspekt, der in einem vorhergehenden Kapitel hervorgehoben wird, nämlich den, daß »eine Kultur kein Fließen ist, auch kein Zusammenfließen; die Form seiner Existenz ist Kampf oder zumindest Auseinandersetzung — es ist nichts anderes als Dialektik. Und in jeder Kultur gibt es wahrscheinlich bestimmte Künstler, die einen großen Teil der Dialektik in sich selbst tragen, deren Bedeutung und Kraft in ihrer Widersprüchlichkeit liegt. Sie tragen in sich — so könnte man sagen — das Wesen der Kultur, und das Anzeichen dafür ist, daß sie sich nicht dazu hergeben, den Zielen irgendeiner ideologischen Gruppe oder Tendenz zu dienen.« So führt Freuds durchdachte, »wissenschaftlich«-materialistische, nahezu verächtliche Betrachtungsweise der Kunst als etwas der Neurose Verwandtes (»Ersatzbefriedigung«, »Illusion im Kontrast zur Realität«) im Widerstreit mit seiner spontanen Einsicht in die Beschaffenheit des Geistigen als ein »Dichtung schaffender Organismus« zu einem System, dessen Qualität grimmige »Dichtung« ist, zu einer Theorie des Menschen als »einer Kreatur weit größerer Würde und größeren Interesses als der Mensch, den irgendein anderes modernes System zu entwerfen in der Lage war ... was nicht durch irgendwelche einfache Formeln (wie z. B. Sexualität) begriffen werden darf, sondern als ein unauflösliches Gewirr von Kultur und Biologie.«

Diese Aspekte werden wiederum im Kapitel über »Kunst und Neurose« erweitert und richtiggestellt. Die »Bedeutung und Kraft« des Künstlers liegt natürlich nicht in der Präsenz und Repräsentation von Konflikt, was nur Leiden und möglicherweise Neurose bedeuten würde, sondern in der kreativen Schlichtung des Konflikts, seiner »Transformation« zu etwas Neuem, welches ein ausgezeichnetes Zeugnis von Gesundheit und Wachstum ist. So ist der Künstler (und der Wissenschaftler) nicht einfach ein Repräsentant der Kultur seiner Zeit, sondern er wird dadurch, daß er eine neue und (für seine Zeit) gültige Lösung des kulturell-biologischen Konflikts herausarbeitet, zur Hefe, zum Gestalter, zum eigentlichen Wesen der Kultur.

Das Verdienst des Versuchs, den Geist Freuds vor seinen allzu leichtgläubigen Schülern und Kritikern zu retten (ein Gnadenakt, den Freud selbst höchst effektiv für jeden ermöglicht, der sich die Mühe macht, *ihn* selbst zu lesen und seinen Stil, statt seine Schüler und Kritiker), wird durch Dr. Trillings Analyse einer Fülle literarischen und wissenschaftlichen Materials, das sich die meisten gebildeten Amerikaner im Laufe ihrer liberalen Erziehung aneignen (oder das sie verwerfen) weit an liberal-therapeutischem Wert übertroffen. Die einzelnen Kapitel gruppieren sich mühelos zu einem Muster, das die kulturelle Dialektik unserer Zeit in zutreffender Weise illustriert: Wie bestimmte Bücher, die ursprünglich für Erwachsene Leser geschrieben wurden, jetzt wegen der ihnen eigenen Unreife ihrer Autoren vor allem für Heranwachsende und Kinder geeignet sind — z. B. Sherwood Anderson, der ewig trotzende Jüngling und Kipling, der ewige kleine Junge, der über die Geheimnisse der Erwachsenen auf dem laufenden sein muß; im Gegensatz beispielsweise zur Bedeutung von *Huckleberry Finn*, eines Buches, das für Jugendliche geschrieben wurde, das aber mehr und mehr von Erwachsenen geschätzt wird, weil es nicht auf den flüchtigen Phantasien der Adoleszenz aufbaut, sondern auf den Grundfesten menschlicher Existenz: der Bedeutung von Wahrheit, der Göttlichkeit der Natur und der menschlichen Zuneigung; oder die *Immortality Ode*, »ein Gedicht über das Werden; nicht über das Alt-Werden, sondern über das Erwachsen-Werden«. — Die allgemeine Wertschätzung von Dreiser, »weil seine Bücher die Unbequemlichkeit, das Chaos, die Schwere aufweisen, die wir mit Realität assoziieren«; im Gegensatz dazu die Ablehnung von James, dessen Brillianz und Eleganz für den progressiven liberalen Geist verdächtig sind. — Die Irrtümer des Kinsey Reports, die von einer rein quantitativen Betrachtungsweise eines überwiegend emotionalen Problems herrühren (»Es ist etwas Widerliches an der Idee, daß Menschen zu ihrem Besten studiert werden.« »Ein Paradoxon unserer Natur führt uns dazu, daß wir, wenn wir unsere Mitmenschen einmal zu Objekten unseres aufgeklärten Interesses gemacht haben, wir sie zu Objekten unseres Mitleids machen, sodann unserer Weisheit und schließlich unserer Zwangsherrschaft«); demgegenüber die anhaltende Bedeutung des moral-psychologischen Einfallsreichtums von Tacitus.

Die übrigen Kapitel beschäftigen sich nicht mit der Analyse irgendeines Werkes oder Autors, sondern mit Ideen und Haltungen, Sitten und Gebräuchen, Wegen und Mitteln der Schätzung und der kulturellen Rolle des Romans als Kunstform. Was aus der überwältigenden Flut detaillierter Beobachtung, Auswertung und Entrüstung — *trotz* nicht weniger fragwürdiger Behauptungen — auftaucht, ist eine starke Insel wahren Liberalismus, ein guter Ort, um sich von den »progressiv«-»wissenschaftlichen« Epidemien unserer Adoleszenz zu erholen. Das Buch fordert zu einer geistigen Übung mit Hilfe eines neuen liberalen Vokabulars heraus, das Kompliziertheit (im Gegensatz zu Simplifizierung) historischen Sinn (im Gegensatz zu dem Schlagwort von der »Progressivität«), Vielfalt (im Gegensatz zu Uniformität), Wandel (im Gegensatz zu Sicherheit und »Stabilität«) und Demut (Trilling nennt dies »Frömmigkeit«, das Akzeptieren der menschlichen Situation, die da heißt Unvollkommenheit, im Gegensatz zum leichtfertigen Perfektionismus unserer Väter) einschließt. Eine belebende Atmosphäre, das »Surren und Summen« all der Verwicklungen liberalen Einfallsreichtums, vermittelt ein dynamisches Gefühl der Offenheit — was nicht zu verwechseln ist mit »Toleranz«, welche die weitestmögliche Ausdehnung einer im wesentlichen beschränkten Haltung ist, eine Sackgasse. *The Liberal Imagination* ist ein Buch »vom Werden; nicht vom Alt-Werden, sondern vom Erwachsen-Werden.«

Eine der wesentlichen Behauptungen, die Dr. Trilling nachdrücklich erörtert, ist, daß das spezialisierte Training in zeitgemäßen Techniken, welches heutzutage für Erziehung gehalten wird, nicht die empfindsame Verantwortlichkeit hervorbringen kann, die für das Weiterbestehen einer wahrhaft liberalen Demokratie notwendig und wünschenswert ist. Sie ist sicher weitgehend ungeeignet, kompetente »Sozialtherapeuten« zu inspirieren: Wissenschaftler, Erzieher, Psychoanalytiker, Politiker, die der vielfältigen und komplexen Möglichkeiten ihrer Aufgabe nur gerecht werden können, wenn ihr eigener kultureller Hintergrund weit und tief zugleich ist, wenn ihr spezielles Wissen und ihre Techniken durch ihre eigene kreative Imagination im Kontakt mit der kreativen Imagination der Jahrhunderte erhellt werden.

Unter diesen optimalen Bedingungen mag der Psychoanalytiker und der Kritiker tatsächlich dem Künstler gleichen. Auch sie sind auf der Seite der Engel, Vermittler, Überbringer von »Bedeutung« zwischen »Himmel« und »Erde« (den Stufen größerer oder geringerer Integration), Botschafter, getragen auf den Flügeln kreativer Vorstellungskraft, symbolisiert in einfallsreicheren Perioden unserer Geschichte als Hermes, Pegasus und die Taube.

IV

Über die Psychologie des Gebens und Nehmens

»It's give and take.« Diese sehr treffende englische Ausdrucksweise (in keiner anderen Sprache gibt es etwas Vergleichbares) deutet auf das Wesen von Beziehung hin. »Geben« und »nehmen« sind nicht nur transitive Verben im engeren grammatischen Sinn. Als Objekte beinhalten sie nicht nur das, was gegeben oder genommen wird, sondern die Akte des Gebens und Nehmens, die sich gegenseitig Objekt sind. Sie umfassen die ganze Reichweite sozialer Prozesse, dessen Ziel es ist, die Ausgewogenheit im sozialen Feld aufrechtzuerhalten, während das Wachstum fortschreitet.

Die achtsame, kontinuierliche, ständig wechselnde Bewußtheit des Plus und Minus in der sozialen Situation nennen wir Gerechtigkeit. Gerechtigkeit ist blind. Denn das Auge ist, gemäß dem Figur-Grund-Schema, das Organ für Bevorzugung. Der kinästhetische Sinn ist das Organ für Ausgleich. Deshalb wird Justitia mit einer Waage abgebildet; und um diese im Gleichgewicht zu halten »*it's give and take*«.

Spontanes Geben und Nehmen

Das GESCHENK ist etwas, was einfach »ist«, dargereicht und angeboten.

Das deutsche Wort »Geschenk« kommt von »Schenken«, was »ausschenken« bedeutet; »der Schenke« ist der Mann, der Wein zu Tisch ausschenkt (Lieder von Hafiz, West-östlicher Divan usw.). »Die Schenke« oder »der Ausschank« bedeutet »das Gasthaus«. Geschenk ist daher etwas, was ausgeschenkt wird, was überfließt. Man kann es ohne Anstrengung erhalten. Es kommt von Überfluß (*cornucopia*, Mutter Erde, Land, wo Milch und Honig fließt). Das Geschenk ist kein Opfer, sondern etwas, was leicht und ohne Erwartungen seitens des Schenkenden gegeben wird. Es ist auch nicht eine Überraschung oder Belohnung, sondern etwas, was in einer etablierten Gemeinschaft erwartet wird, wie das Baby die Muttermilch erwartet. Für das Kind ist alles (oder sollte es sein) *Geschenk*, die natürliche, leichte Erfüllung von natürlichen Bedürfnissen.

Das Kind ist nicht dankbar (und braucht es nicht zu sein). Dankbarkeit ist die Antwort auf eine unerwartete Gabe, auf den unerwarteten Nutzen, kurz auf einen Akt der Gnade. Man fühl sich dankbar für die Entlastung von Schuldgefühlen, für das Wiederherstellen des Gefühls der Zugehörigkeit. Man empfindet und drückt keine spezielle Dankbarkeit für etwas aus; was einem im natürlichen Fluß der Ereignisse zukommt, wobei es so selbstverständlich für die Mutter ist, Nahrung zu geben, wie es für das Kind ist, sie zu erhalten.

Das Geschenk stellt die Integrität des Gebenden wie des Empfangenden wieder her. Das freie Auspendeln zwischen Überfluß und Bedürfnis stellt den Ausgleich im sozialen Feld sicher.

Weihnachten im alten Stil

Die ursprünglich orale Bedeutung des Geschenks findet einen deutlichen Ausdruck in den europäischen Weihnachtsbräuchen. St. Nikolaus kommt mit einem großen Sack voller Nüsse, Früchte und Süßigkeiten, die er in der Mitte des Raums ausschüttet und alle Kinder grabschen davon so viel, wie sie halten können. In Deutschland ist das *pièce de résistance* jener individuellen Anhäufung von Weihnachtsgeschenken ein Teller mit traditionellen Weihnachtsplätzchen, Nüssen, Rosinen, Früchten, Süßigkeiten usw. Vor der industriellen Produktion von Weihnachtsdekorationen war der hauptsächliche Schmuck des Weihnachtsbaums — von den Kerzen abgesehen — eßbar. Der Baum, übersät mit Lichtern und beladen mit Nahrung inmitten des Winters ist eine glückliche Manifestation vom Sinn des Menschen für Überfluß und Gerechtigkeit und symbolisiert das Bemühen, die Dunkelheit und Kahlheit der Natur auszugleichen.

Geschenke wurden hauptsächlich an Kinder und andere Abhängige, an die Armen usw. verteilt.

Das wichtigste Ereignis am Weihnachtstag war das große Mahl. Die Speisung der Diener, Angestellten, Waisen, Armen usw. Erwachsene der gleichen sozialen oder ökonomischen Schicht tauschten keine Geschenke aus, da dies bedeutet hätte, anderen Verpflichtungen aufzuerlegen und sich damit zu beladen, was dem wahren Geist des Schenkens widersprochen hätte. Und sicherlich wurde von keinem Abhängigen erwartet, Kosten für ein Geschenk für irgendjemanden aufzubringen, dem es besser ging als ihm selbst, d.h. ein Opfer zu bringen. Der Bedürftige hatte ein natürliches Recht auf das Geschenk ohne Verpflichtung, ohne es »verdient« usw. zu haben.

Die gleiche Haltung spiegelt sich in der Sitte der Geburtstagsgeschenke wieder. Am Geburtstag bekommt man nicht etwas, weil man bedürftig ist — oder gar, weil man es »verdient« — sondern einfach weil man »ist«. Mit der Anerkennung seiner Existenz als menschliches Wesen wird eine tendenzielle Bedürftigkeit für gegeben angesehen. Die Welt ist ein Geschenk für jedes Menschenkind. Die guten und bösen Feen oder die Drei Weisen aus dem Morgenland sind gegenwärtig bei jeder Geburt. Erwachsene, die die Kinder das ganze Jahr über ihres Geburtsrechts berauben, sühnen dafür, indem sie Weihnachts- und Geburtstagsgeschenke geben.

Weihnachten im neuen Stil

Sühne ist kein Akt der Gerechtigkeit; sie gründet nicht auf der aktuellen und verantwortlichen Bewußtheit tatsächlicher Bedürftigkeit.

Sie entstand aus dem vagen Empfinden für Verpflichtung, welche in der komplizierten Struktur unserer Gesellschaft mehr und mehr die spontane und differenzierte Bewußtheit von Beziehung ersetzt. Heutzutage kompensiert das Weihnachts- oder Geburtstagsgeschenk nicht so sehr das Bedürfnis des Empfängers, sondern die Schuldgefühle des Gebenden. Daher stellt es das Gleichgewicht im sozialen Feld nicht wieder her, sondern schafft zusätzliches Ungleichgewicht durch die Enttäuschung auf Seiten des Empfängers und Ressentiment auf Seiten des Gebenden, der — um sich seiner Schuldgefühle zu entledigen und um den Schein sozialen Gleichgewichts herzustellen — das Weihnachtsgeschenk mit einer Bedeutung versehen muß, die weit über seinen aktuellen Wert hinausgeht. Er wird zu einem Werbeagenten, der den Empfänger davon überzeugen muß, daß er wirklich das braucht und sich wünscht, was er bekommt. So wenig wie möglich wird ausgegeben für Geschenke, die so hergerichtet werden, daß sie sehr teuer aussehen. »Good will to all men« wird immer kleiner auf immer künstlerischere Weihnachtskarten gedruckt und — mit knauserigen Mengen von minderwertiger Qualität — in immer einfallsreichere Hüllen verpackt.

Der Sinn für Verpflichtung ist ein vages Akzeptieren sozialen Engagements ohne die klare Bewußtheit, die das Einlösen von Verpflichtung zu einem begrenzten und sozial gültigen Akt machen würde. Das Einlösen von Verpflichtung entläßt den Gebenden und den Nehmenden nicht in eine ausgeglichenere Beziehung, sondern schafft neue Bande — wie der Name andeutet — unbegrenzter gegenseitiger Verpflichtung. Daher führt sie den ganzen Teufelskreis von Wettbewerb und Bestechung, unnützem Opfer, Enttäuschung, Ressentiment und Schuld ein.

Die jährliche Weihnachtsfarce läßt jedermann physisch, emotional und finanziell erschöpft zurück; im Januar sind wir krank, knauserig und pleite. Weihnachten ist von einem Symbol der Liebe und Gerechtigkeit des Menschen zu einer Schiebung degeneriert, dessen Kennzeichen es ist, daß es den sozialen Prozeß aus dem Gleichgewicht wirft.

Da es in unserer urbanisierten und industrialisierten Zivilisation zunehmend schwieriger und faktisch unmöglich geworden ist, sich der sozialen Situation und seines eigenen Platzes in ihr voll bewußt zu sein, werden viele vormals wirksame soziale Haltungen (Maßnahmen, die das Gleichgewicht im sozialen Feld wiederherstellen) verzerrt und ungültig.

Kreatives und schädliches Opfer

Ein OPFER bedeutet ursprünglich, etwas von geringerem Wert für einen höheren Wert aufzugeben. Es durchbricht die Ganzheit der persönlichen Integrität, um eine Integrität auf einer überpersönlichen Ebene zu erlangen. Wie das Wort »Opfer« (*sacrifice*) andeutet, hat es vor allem eine religiöse (oder soziale, was ursprünglich dasselbe ist) Bedeutung. Es bedeutet, sich selbst durch die Einheit mit dem Göttlichen ganz werden zu lassen; die Freuden auf Erden für ein ewiges Leben im Jenseits aufzugeben; seine Sexualität für die Liebe Christi oder sein Privatleben für das Gemeinwohl zu opfern.

Das Opfer würde dem Empfänger eine enorme Verantwortung aufbürden, wenn sich der Opfernde nicht selbst im religiösen oder sozialen Kontext verantwortlich fühlen würde (durch Gebet und Meditation, soziale Aktivität), so daß sein Opfer nicht vergebens sein wird. Er braucht weder Gott noch die Gesellschaft mit seinen Schuldgefühlen, auch für seine Unzulänglichkeit, zu belasten, denn durch das Opfer selbst wird er von seinen eigenen Schuldgefühlen erlöst. Deshalb führt das Opfer, wie groß es auch immer sein mag, niemals zu cincr wirklichen Deprivation, sondern zu einer innerpsychischen Neugestaltung der Persönlichkeit, weg vom mehr Persönlichen und hin zum eher Überpersönlichen.

In zwischenmenschlichen Beziehungen dagegen kommt das Opfer praktisch einer Bestechung gleich. Starke Liebe oder Familienbande mögen ein Grenzfall sein (der sexuelle Kontext ist auch überpersönlich). Aber zwischenmenschlicher Kontakt neigt dazu, alle Verantwortung für das Opfer von etwas Geringerem für etwas Höherwertiges auf den Empfänger zu verlagern. Der Opfernde erwartet vom Empfänger, durch sein Opfer zu wachsen, d.h. des Empfängers Gewinn vorzuzeigen und wertzuschätzen, denn das allein würde das Opfer wertvoll machen. Das zwischenmenschliche Opfer versucht beim Empfänger etwas herauszuholen (Liebe, Zuneigung, Anerkennung, Dankbarkeit usw.), was andernfalls nicht herauskommen würde. Dem Opfernden fehlt die Wertschätzung seiner selbst, und er versucht, sie vom Empfänger zu erzwingen, d.h. er überschätzt, was immer er gibt oder macht, er »reibt es ihm unter die Nase«, so daß es der Empfänger keinen Moment lang vergessen kann. Da er sein eigenes, nicht realisiertes Bedürfnis nach Ganzheit auf den Empfänger projiziert, kann der Opfernde niemals genug tun und niemals genug erhalten. Er versucht ständig, seinen eigenen Schuldgefühlen zu entkommen, indem er sie dem Empfänger aufbürdet.

Während das genuine, überpersönliche Opfer etwas von seinen besonders geschätzten persönlichen Werten für die Einheit mit etwas Größerem aufgibt, kauft das zwischenmenschliche Opfer persönliche Wertschätzung und kompensiert damit den Mangel an Wertschätzung seiner selbst. Die Enttäuschung ist unvermeidlich, denn je mehr gegeben wird, desto mehr wird vom Empfänger für selbstverständlich gehalten, so daß immer weniger Wertschätzung dabei herauskommt, während der Opfernde zunehmend verarmt und desintegriert.

Während das zwischenmenschliche Opfer gewöhnlich durch unreife und unsichere Menschen gebracht wird, ist das echte (überpersönliche) Opfer ein Akt der Reife und der Einsicht. Buddha gibt im Alter von 40 Jahren ein Leben des Vergnügens und der Kurzweil für den Weg der Armut und Konzentration auf. Christus geht im Alter von 33 Jahren ans Kreuz. Abraham bereitet das Opfer von Isaak vor, den er im hohen Alter zeugte, und erst im letzten Moment wird er durch die Einsicht gesegnet, daß das persönliche Opfer seines Augapfels nichts ist im Vergleich mit dem Versprechen an künftige Generationen, daß sie unter dem Auge Gottes leben werden. Das Opfer zurückzunehmen und damit seine eigene unmittelbare psychische Integration ist vielleicht das größte Opfer — es ist wirklich so groß, daß Abraham in seiner Senilität (oder Kindlichkeit) nicht ganz in der Lage ist, es zu tragen. Das Schlachten des Bockes anstelle des ursprünglichen Opfers läuft wieder auf eine Bestechung hinaus. Es ist ein kindisches Ersatzmittel, das es möglich macht, seine Schuldgefühle nach außen zu kehren (der Beweis für das Fehlen von Integration) und auf diese Weise wirksam jede innerpersönliche oder innergemeinschaftliche Neuorganisation zu verhindern. Der Unterschied zwischen dem Sündenbock und dem Goldenen Kalb ist letztlich nicht sehr groß!

Bestechung und Erpressung

Die BESTECHUNG ist eine Vorabzahlung für einen noch nicht begangenen Verrat. Damit man erfolgreich ist, muß das Bestechungsgeschenk attraktiv genug sein, d.h. von ausreichendem materiellem oder sozialem Vorteil für den Empfänger, um ihn dazu zu verführen, eine Wende in seiner moralischen Loyalität zu vollziehen. Es muß stark genug sein, um vorhergehende Verpflichtungen zu brechen und die Schuldgefühle zu überwinden, die mit solch einem Bruch verbunden sind, indem man eine Treuepflicht herstellt, die mehr verspricht.

Nur die Unzufriedenen und Frustrierten sind für Bestechung zugänglich; nur die Gierigen und Unersättlichen sind geneigt, Bestechungsgelder zu bezahlen. Es ist tatsächlich der gleiche Personentyp, der — in Abhängigkeit von tatsächlichen Umständen — Bestechungsgelder entweder zahlt oder annimmt. Es ist der infantile, unsichere Anhänger, der nicht von der Rechtmäßigkeit seiner eigenen Bedürfnisse und Forderungen überzeugt ist, und der kein Vertrauen in seine Fähigkeit hat, Rücksichtnahme und Respekt zu erlangen.

Sowohl der Geber als auch der Empfänger von Bestechungsgeldern sind anfällig für ERPRESSUNG und sind potentielle Erpresser. Sie müssen sehr gut aufeinander aufpassen: die Großzügigkeit des Bestechenden darf niemals wanken; die Untertänigkeit des Bestochenen muß ständig sichergestellt werden. Da der Bestechende und der Bestochene sich in gleicher Weise schuldig fühlen, fühlen sie sich auch in gleicher Weise bedroht durch Enthüllung.

Natürlich ist Bestechung keine notwendige Bedingung für Erpressung. Tatsächlich kann jedes Wissen über irgendetwas, das jemand anderen in den Augen von jemandem Drittem möglicherweise diskreditieren kann, für den Zweck der Erpressung benutzt werden. Wo die Desintegration der persönlichen menschlichen Beziehung ein politisches Ziel ist, wie in einer totalitären Gesellschaft, werden Bestechung und Erpressung die wichtigsten politischen Mittel.

Aber in unserer Zeit haben wir aus Erfahrung gelernt, daß keine ausgewogene Gesellschaft eingerichtet werden kann mit Methoden, die dazu führen, daß Schuldgefühle verstärkt und gegenseitige Verachtung ihrer Mitglieder hervorgerufen wird. Das Maß an Gefühllosigkeit und Unverfrorenheit, das notwendig ist, um die daraus folgende Depression loszuwerden, iniziiert den ganzen paranoiden Prozeß der Abstumpfung und Projektion, der Verdächtigung, des Verfolgungswahns, der Ausschau nach Sündenböcken, des Angriffs und der Zerstörung und schließlich der Selbstzerstörung.

Bezahlung und Belohnung

Man sollte erwarten, daß der erfolgreichste Weg zur Ausgewogenheit des sozialen Prozesses in einem genauen Austausch der Werte bestehen würde. Aber leider gilt der Satz »Aug' um Aug' und Zahn um Zahn« nur für den Bereich der Vergeltung und Strafe. Seit er zuerst durch die Weisheit Salomos zurückgewiesen wurde, ist schon viel Tinte geflossen, um die Ungültigkeit dieses primitiven Prinzips nachzuweisen, das von der Annahme eines undifferenzierten Wertempfindens ausgeht, d.h. einer Unbewußtheit über die Notwendigkeiten und Möglichkeiten in der aktuellen Situation.

Wir werden uns hier auf die Diskussion von zwei anderen Aspekten des Austauschs von Werten beschränken, nämlich BEZAHLUNG und BELOHNUNG.

Bezahlung wird als finanzielles oder materielles Äquivalent entweder für Güter oder für Arbeit getätigt. Sie wird in Anerkennung von einem Wert gegeben, der seinerseits durch zeitgemäße ökonomische Bedingungen definiert wird und von Angebot und Nachfrage abhängt.

Belohnung andererseits ist der Ausdruck für die Wertschätzung von Verdienst. Jede verdienstvolle Handlung steht für sich, »hat ihren eigenen Wert«. Es gibt keine vergleichbaren Wertmaßstäbe, die in angemessener Form in Geld ausgedrückt werden könnten. Deshalb kann eine Belohnung in einer Geldsumme (die dann ganz willkürlich festgelegt wird), aber auch in einer Medaille oder einem Diplom, einem Titel oder in der Anerkennung und Dankbarkeit der Mitmenschen oder schlicht im Bewußtsein, etwas gut gemacht zu haben, bestehen.

Beförderung im Militär oder Zivildienst ist teilweise eine Belohnung, eine Wertschätzung von Verdienst. Aber sobald sie mit Regelmäßigkeit erwartet wird und mit kontinuierlichen materiellen Vorteilen verbunden ist, stellt sie eine Bezahlung für Dienste dar.

Der amerikanische und europäische Arzt wird für Dienstleistungen nach einer allgemein akzeptierten Liste, so und so viel pro Besuch oder Operation oder psychotherapeutische Sitzung, bezahlt. Der chinesische Arzt wird bezahlt, wenn seine Behandlung erfolgreich war, d.h. er wird für eine einzigartige Anstrengung belohnt.

Allgemein könnte man sagen, daß, je verdienstvoller eine Bemühung ist — d.h. je mehr sie zu einem wirklichen sozialen Ausgleich beiträgt — desto weniger ist es möglich, sie mit Geld zu belohnen. Deshalb ist die Belohnung durch die Polizei, die für Informationen versprochen und vergeben wird, schlicht eine Bezahlung für Verrat und fällt damit eher unter die Kategorie von Bestechung als unter die von »Belohnung«. Andererseits »trägt Tugend die Belohnung in sich selbst«. Die unablässigsten und selbstlosesten Dienste und Opfer bleiben nicht nur unbezahlt und unbelohnt, sondern müssen für selbstverständlich gehalten werden. Nur begrenzte Arbeit oder begrenztes Gut kann mit einem begrenzten Geldbetrag bezahlt werden. Nur der begrenzte Dienst oder die begrenzte Anstrengung können mit einer Ehrung belohnt werden. Die grenzenlose Hingabe eines Elternteils oder das lebenslange Sich-einer-Sache-widmen kann nicht bezahlt oder belohnt werden. Es kann nur angenommen werden und bedarf nicht einmal der Anerkennung. Seine Belohnung besteht in der aktuellen Handlung, in dem Gefühl, die soziale Ausgewogenheit in einem wechselhaften Prozeß wiederherzustellen.

V

Stützung (Support)

— Anmerkungen zu den Grundlagen des Kontaktprozesses —

Als ich im letzten Semester ankündigte, daß ich einen Workshop über die Kontakt- und Stützfunktion zu organisieren beabsichtigte, meinte jemand, ich müßte sehr vorsichtig sein, damit ich nicht wieder eine Spaltung in das holistische Konzept der Funktionen des Organismus einführe. Nun, ich glaube nicht, daß die Annahme einer Stütz- und Kontaktfunktion eine Dichotomie konstituiert, sondern vielmehr eine Differenzierung nach dem Figur-Grund-Prinzip.

Unterstützung und Kontakt sind auf der Ebene reiner Instinkte keine voneinander unabhängigen Prozesse; auf einer primitiveren Stufe biologischer Entwicklung gibt es meist nur Konfluenz. Die Entwicklung geht von der Stufe des Wurms über die des Vierbeiners und des Affen bis hin zum Menschen mit entwickeltem Cortex und aufrechter Haltung, in deren Verlauf das Stadium reiner Konfluenz schrittweise abgelöst wird.

Wer etwas Erfahrung mit Gestalttherapie hat, sei es als Student oder als Klient, ist mit dem Konzept des Kontaktes vertraut. Kontakt ist die Anerkennung des »Andersseins«, die Bewußtheit der Unterschiedlichkeit. Es ist die Grenzerfahrung des »Ich und der andere«. Ich möchte unterscheiden zwischen »im Kontakt sein« und »Kontakt aufnehmen«. Im Kontakt sein deutet auf einen kontinuierlichen Prozeß hin, der allmählich zur Indifferenz (Konfluenz) hin tendiert. Kontakt aufnehmen dagegen ist eine Vordergrund-Funktion, ist aktionsbereit, wach sein usw. Es erfordert ein spezifisches Bewußtsein von Kontakt, beispielsweise zu einem Gegenstand, einer Handlung usw. Dadurch geschieht Orientierung und Beeinflussung durch ein spezifisches Organ oder eine spezifisch strukturierte Handlung. Dabei spielen konstitutionelle Faktoren, die primäre Physiologie, die Haltung sowie erworbene Gewohnheiten, die automatisiert werden und daher der primären Physiologie äquivalent sind, eine entscheidende Rolle. Die Stützung für dieses Kontakt-Aufnehmen kommt von dem, was assimiliert und integriert wurde. Der restliche Organismus ist eine Hintergrundfunktion, die normalerweise unbewußt ist und für gegeben gehalten wird, die aber die unabdingliche Stütze für die Vordergrundfunktion des Kontakts darstellt.

Kontakt und Stütze sind nicht gleichzusetzen mit Bewußtem und Unbewußtem. Das Unbewußte ist keine Stütze, wenn es verdrängt und introjiziert ist, sondern zeigt das Fehlen von Stützung, zeigt Unterbrochenes und Blockierung an, während Stützung aus dem ungehinderten Primärprozeß einschließlich der assimilierten und integrierten Erfahrungen stammt. Die wesentlichste Funktion für die Stützung ist dabei das Atmen. Ein bewegliches Zwerchfell ist für das ungestörte Atmen absolut notwendig. Das Atmen ist für das Leben selbst wichtiger als Trinken, Essen und Verdauen.

Die akute Bewußtheit der Diskrepanz zwischen Stütz- und Kontaktfunktionen wird als Angst erfahren. Das Fehlen von Sauerstoff als Prototyp der Angst wird dabei als Fehlen der wesentlichen Stützfunktion überhaupt erfahren. Normalerweise ist die Atmung vollautomatisch. In der Gestalttherapie beschäftigen wir uns mit den Störungen und Unterbrechungen dieses automatischen Prozesses.

Ich möchte mich hier auf die *gewohnheitsmäßigen* Unterbrechungen der Stützfunktionen konzentrieren und die konstitutionellen Defizite und organische Krankheiten ebenso wie das Fehlen sozialer Unterstützung außer acht lassen. Ich konzentriere mich heute also auf jene Stützmethoden und -haltungen, die nicht für die Gesamtheit der Menschen charakteristisch sind (wie die aufrechte Haltung und das Atmen oder die Differenzierung der Möglichkeiten zur Manipulation durch rechts- und linkshemisphärische Aktivitäten). Wir sprechen vielmehr über die Haltungen des Kontakt-Aufnehmens, die in spezifischer Weise durch Individuen, Gruppen, Nationen, soziale Klassen usw. erworben werden. Durch Wiederholung und Formalisierung werden diese Kontaktfunktionen automatisiert, sie werden also beispielsweise zu Stützfunktionen, wenn sie erfolgreich sind, oder zu Widerstandfunktionen (Unterstützung für Nicht-Kontakt), wenn sie den erwünschten oder notwendigen Kontakt blockieren.

Wir sprechen von Gewohnheiten, wenn wir persönliche Verhaltensmuster meinen, und über Sitten, wenn wir uns auf soziale Muster beziehen. Sitten sind mehr oder weniger bindend, vielleicht mehr (oder wenigstens für eine längere Zeitspanne), wenn sie, sagen wir, in einem Gesetzestext oder einem bestimmten Kirchenritual niedergelegt sind, weniger (wenn auch für eine kürzere Zeitperiode), wenn sie durch Erziehung, sozialen, ökonomischen und politischen Druck formalisiert und durchgesetzt werden.

Bevor ich mit der Diskussion der Gewohnheiten und Manierismen weiterfahre, möchte ich ein paar Worte über Stil sagen. Stil ist eine einzigartige Weise, Kontakt aufzunehmen, die durch vollständig assimilierte und integrierte Verhaltensmuster unterstützt wird. Stil kann Gruppen und Klassen ebenso zugeschrieben werden wie Kunstströmungen und historischen Perioden. Aber er kann auch eine sehr bestimmende persönliche, individuelle Entwicklung erfahren.

Eine Person, die Stil hat, oder die ein bestimmtes Maß an Stil hat, kommt nicht in die Therapie. Man könnte sogar sagen, daß der Zweck der Psychotherapie darin besteht, Stil zu entwickeln, d.h. einen integrierten und integrierenden Weg des Ausdrucks und der Ausführung zu finden (Weber). Die Psychotherapie beschäftigt sich daher mit Verhaltensmustern, die aus irgendwelchen Gründen nicht voll in den Hintergrund einer Person oder einer Gruppe integriert werden können. Offensichtlich können wir nicht sehr viel an den Gesetzen oder der Kirche ändern. Aber in der Therapie müssen wir mit jenen Haltungen arbeiten, die zu einem ungeschriebenen sozialen, persönlichen Verhaltenskodex wurden: Gewohnheiten, Umgangsformen und Manierismen.

Die Grenzen zwischen Umgangsformen und Manierismen sind fließend. Umgangsformen werden gewöhnlich als persönliche Gewohnheiten akzeptiert, die den Kontakt erleichtern sollen. Meist werden sie durch Introjektion erworben, d.h. ohne volle Bewußtheit ihrer Bedeutung und ihrer Zwecke. Manierismen andererseits sind ursprünglich bewußte Mittel, um Aufmerksamkeit zu erregen, die in ihrer Automatisierung übertrieben und nicht in der rechten Proportion zum Kontakt, den sie unterstützen sollen, stehen (Märchenerzählerstimme, theatralische Gesten, abgespreizter kleiner Finger).

Nichtsdestoweniger werden Umgangsformen und Manierismen zu einem Teil des Stils einer Person oder Gruppe, wenn sie in den persönlichen, sozialen oder nationalen Hintergrund integriert werden können, d.h. wenn sie die erwünschten Kontaktprozesse unterstützen. Für die Aufrechterhaltung einer feudalistischen Gesellschaft beispielsweise gibt die nach Klassen unterschiedene Differenzierung der sozialen Umgangsformen, der Moden, des Sprachgebrauchs oder der Räume usw. eine angemessene Unterstützung. Die strikte Etikette verhindert soziale Reibungen, wenn sie von allen, die daran beteiligt sind, angenommen wird. Was sie dem Individuum zufügt, ist eine andere Sache. Aber selbst unter den striktesten Klassenbegrenzungen ist ein hoher Grad an Ausdruck und Integration möglich, was man an der Kunst, Literatur und Musik dieser Perioden sehen kann.

Strikter sozialer Formalismus in Verbindung mit dem Ritual, das beispielsweise die Kirche hervorbringt, schafft einen musikalischen Stil, der in Bach kulminiert. Aber Bach erreicht — anders als seine Vorgänger und Zeitgenossen — einen einzigartigen persönlichen Stil, für den der kulturelle Hintergrund nur den Rahmen abgibt.

Der musikalische Stil, der in Mozart gipfelt, findet seine Unterstützung in den europäischen Hofetiketten mit ihren komplizierten Umgangsformen und sogar Manierismen, die auch in der visuellen Kunst widergespiegelt werden, in den Moden, der Architektur, der Innendekoration der Zeit.

Beethovens Stil dagegen kann nur verstanden werden auf dem Hintergrund der französischen Revolution mit dem Aufbrechen strikter

Formen und der Beseitigung der Rokkoko-Umgangsformen und Manierismen. Man könnte also sagen, daß ein Übermaß an Manierismus gegenüber dem ernsthaften Anliegen immer ein Anzeichen für den Verfall einer Epoche oder einer Person ist.

Sprache und Sprechen

Neben der aufrechten Haltung und der Entwicklung der Manipulationsfähigkeit ist Sprache das wichtigste Charakteristikum des Menschen. Sie ist das Organ des Ausdrucks und der Kommunikation im zwischenmenschlichen und interkulturellen Kontakt. Sprache ist zeitbindende Eigenschaften, es ist der Kontakt mit der Vergangenheit und der Zukunft.

Sprache, die von jedem Menschen erworben wird, wird zu einem Teil seines Stützungssystems. So auch das Sprechen, aber es gibt einen wesentlichen Unterschied. Das Sprechen kann durch vokale, muskuläre oder neurale Disfunktionen (Taubstummheit, Lähmung, Kehlkopfentzündung usw.) be- oder verhindert werden, ohne daß die charakteristische menschliche Struktur wesentlich verändert wird, denn Kompensationen treten unmittelbar in Kraft (Zeichensprache, Schreiben, Ausagieren usw.). Die Denk- und Argumentationsprozesse bleiben intakt, auch wenn sie nicht mitteilbar sind. Es gibt jedoch keine unmittelbare Kompensation für die Zerstörung des Sprachzentrums. Ein langer Prozeß des Neulernens und der Entwicklung anderer Zentren ist notwendig. Die Zerstörung des Sprachzentrums betrifft auch andere biologische Organismen (vgl. Goldsteins Untersuchung der Hirnverletzungen). Verletzungen in diesem Bereich reduzieren nicht nur das Sprachzentrum, sondern das Weltbild insgesamt, mit dem durch Sprache Kontakt aufgenommen, das verstanden und sogar erst geschaffen wird. Mein Interesse heute gilt nicht den organischen Störungen, sondern den Sprachgewohnheiten, die sich als Unterstützung für Kontaktprozesse oder als Behinderung dieser entwickeln.

1. Sprache im allgemeinen: Es gibt allgemeine Merkmale der Spra-

che wie hörbares oder sichtbares Benutzen von Zeichen oder Worten, um eine Erfahrung oder ein Ereignis darzustellen und mitzuteilen.

2. Muttersprache: Sie ist ein Sicherheitsfaktor in der Gleichartigkeit allgemeiner Sprachstrukturen. Der Kontakt mit Leuten unterschiedlicher Sprache ist schwierig oder unmöglich, er führt zu Hilflosigkeit und Angst und daher oft zur Feindseligkeit.

3. Dialekt: Nicht-Beherrschen des Dialekts führt zur Verlegenheit und Feindschaft und auch wieder zu Angst.

4. Gesprochene oder geschriebene Sprache: Geschriebene Sprache ist traditionellerweise mehr oder weniger fixiert, gesprochene Sprache ist dynamischer und wandelt sich ständig. Ich nehme an, daß geschriebene Sprache mehr Stützung bietet, während mündliche Sprache mehr eine Kontaktfunktion ist. Eine partielle Gegen-Indikation stellt der Slang dar. Es ist ein neuer, spontaner, interessanter Weg der Sprache, mit Bekanntem oder mit Neuem in Kontakt zu kommen. Als Stützfunktion wird Slang oft langweilig und unangemessen (modisch, brutal usw.) und wird schließlich für irgendwelche neuen Slangausdrücke aufgegeben. Wenn Slang sich als adäquat erweist, wird er in den gesamten traditionellen Körper der Sprache integriert und somit zu einem Teil des allgemeinen Stützungssystems.

Ich komme nun zu bestimmten Formen des Gebrauchs der Sprache, die unter den Begriff Umgangsformen fallen. Sie sind Gemeingut, aber sie werden zu automatischen Gewohnheiten des Individuums. Beispielsweise sind Sprichwörter oder Zitate aus der Bibel oder der Dichtung ursprünglich höchst gültige Formulierungen für Kontakterfahrungen und Gedanken; aber als Klischees werden sie zu einer sehr fragwürdigen Stützung: z. B. Ehrlichkeit ist die beste Politik!. Dieses Klischee löscht Bewußtheit aus, und auf diese Weise wird Ehrlichkeit oft zur Taktlosigkeit.

Individuelle Sprachschwierigkeiten werden mit drei strukturellen Aspekten assoziiert: dem Vokabular, der Rechtschreibung und der Grammatik.

Das Vokabular: Es gibt Vorlieben und Tabus: modischer Slang oder wissenschaftlicher Jargon und sexuelle Ausdrucksweisen, »Unaussprechliches«, Pseudo-Vorlieben (Flüche usw.)

Rechtschreibung: Vereinfachungen und Abkürzungen werden zu Geheimkodes. Die Rechtschreibung repräsentiert den Klang und die Geschichte des Wortes.

Grammatik: Die Satzstruktur ist das wichtigste Element der nationalen und persönlichen Sprachgewohnheiten und -stile (vgl. das Französische und das Amerikanische). Die Vorliebe für Substantive deutet auf Etikettierung hin, die für Verben auf größeres aktives Engagement.

Es gibt eine Ich-Sprache und eine Es-Sprache. Gewöhnlich entsteht mehr Kontakt beim Gebrauch von »Ich«: »Ich bin hungrig« versus »In meinem Magen ist eine Leere«. Der Gebrauch von »Ich« kann jedoch wieder durch indirekte Sprache neutralisiert werden: »Ich glaube«, »Ich meine«, »Ich möchte wissen«, »Ich würde sagen« usw. Noch weiter weg von der Person sind Ausdrücke wie: »Mir scheint«, »Es sieht so aus, als ob« usw. Extremformen sind: »Ich meine, ich sollte sagten, daß es mir scheint, als ob in meinem Magen eine Leere herrscht«.

Der Gebrauch von »Ich« wird umgangen durch »man, ihr, jedermann« usw. Die Tendenz zu Generalisierungen vermeidet persönliche Verantwortlichkeit.

Sprache und sprechen sind die hauptsächlichen sozialen Kontaktfunktionen, wobei es eine zweiseitige Kontaktfunktion gibt: »Ich-Du«, »Ich-Es«

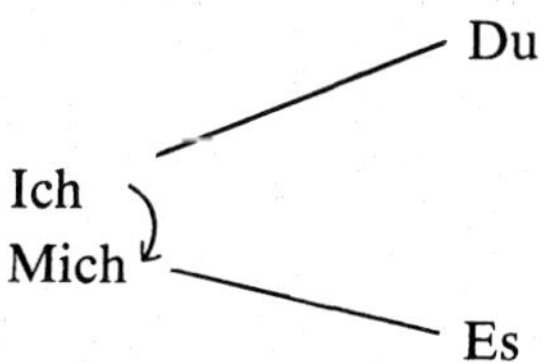

Die beste Stützung wird durch ein Verfahren gewährleistet, das diese zweipolige Spannung nach dem Figur-Grund-Prinzip integriert. Der bedeutendere Kontakt wird zur Figur:

Ich/Du: Verben und Adverbien. Sie sind ausdrucksstärker, dynamischer.
Ich/Es: Substantive (Etiketten) und Adjektive.

Diese Unterschiede können am Vergleich zwischen der Sprache der Liebe und einer mathematischen Vorlesung verdeutlicht werden:
Die Sprache der Liebe: Ich $\leftrightarrows$ Du; Wir: subjektiv.
Die Sprache der Wissenschaft: objektiv.
Gewöhnliche Umgangssprache: Mischung; Ich spreche mit jemand über etwas.[1]

[1] Für ausführlichere Darstellung vgl. Martin Buber »Ich und Du«. In Werke I: Schriften zur Philosophie. München 1962, S. 77-170

VI

Zwei Beispiele für Gestalt-Therapie

Die beiden Fälle, die ich für die Darstellung auswähle, repräsentieren »typische« Beispiele eines gut bekannten klinischen Bildes. Beide Patienten kommen mit ähnlichen Beschwerden zur Therapie, nämlich mit Kontakt- und Konzentrationsschwierigkeiten. Sie sind intelligent und begabt, aber immer nur die Zweitbesten. Sie können keinen angemessenen Gebrauch von ihren Möglichkeiten machen, aber sie denken nachträglich darüber nach, was sie gesagt oder getan haben könnten oder sollten. Sie halten es für nahezu unmöglich, etwas Neues anzufangen und verschwenden eine Menge Zeit und Energie für wiederholte Scheinaktivitäten. Beide sind befangen, kommen sich unbeholfen und lächerlich vor und glauben, daß die meisten Menschen sich nicht um sie kümmern. Ihr Idealbild von dem, was sie sein sollten, läuft im wesentlichen auf das einer Dame oder eines Gentleman von nahezu viktorianischen Dimensionen hinaus. Ihre hauptsächliche Stütze besteht in ihrem Stolz auf ihre Fähigkeit, alles allein tun zu können. Trotzdem gibt es bei beiden ein all durchdringendes Gefühl der Frustration und Unzufriedenheit. Kurz gesagt, die Diagnose lief in beiden Fällen auf zwanghafte und mehr oder weniger paranoide Charakterzüge hinaus.

Die Ähnlichkeit der Diagnose indiziert jedoch keine Ähnlichkeit im therapeutischen Vorgehen. Ich habe zwei Fälle statt eines einzigen für diese Diskussion ausgewählt, um die Unterschiede in den therapeutischen Techniken, die notwendig und möglich sind, wenn man die Einzigartigkeit des Kontaktverhaltens des Patienten (oder dessen Vermeidung) und die Verfügbarkeit (oder das Fehlen) von Stützfunktionen in Rechnung stellt, im Detail zu zeigen.

Kontakt — das Erkennen des »Andersseins«, die Bewußtheit des Unterschieds, die Grenzerfahrung des »Ich-und-der-Andere« — ist eine mehr oder weniger rege, spezifische, engagierte Bewußtheit und Aktivität. Kontakt ist so sehr »Figur« im organismischen Funktionieren, daß Neurose als *Vermeidung von Kontakt* definiert wurde, und die verschiedenen Typen von Neurosen als unterschiedliche *Stadien der Vermeidung* vom Kontakt oder dessen Einengung.

Aber »wer nur Auge ist, sieht nicht«. Die Kontaktfunktionen — vermittelt durch ein spezifisches Organ oder eine speziell strukturierte Aktivität — finden auf dem Hintergrund der organismischen Funktionen statt, die normalerweise unbewußt sind und für selbstverständlich gehalten werden; aber sie sorgen für die notwendige Unterstützung der Vordergrundfunktion des Kontakts. Sie umfassen ererbte und konstitutionelle Faktoren (primäre Physiologie usw.); erworbene Gewohnheiten, die automatisiert wurden und daher zur primären Physiologie äquivalent sind (Haltung, Sprache, Verhaltensweisen, Techniken usw.) und vollkommen assimilierte Erfahrungen irgendeiner Art. Nur was vollständig assimiliert und in das gesamte Funktionieren des Organismus integriert wurde, kann zur Stütze werden.

Daher sind Kontakt und Stütze nicht identisch mit dem Bewußten und dem Unbewußten. Das Unbewußte ist keine Unterstützung, wenn es verdrängt und introjiziert wurde, sondern gerade ihr Fehlen. Es ist die Störung und Blockierung erfolgreichen Kontakts.

Wenn wir Neurose als Zustand schlechter Koordination der Kontakt- und Stützfunktionen definieren und die unterschiedlichen Neurosen als verschiedene Typen schlechter Koordination, dann können wir das Ziel der Therapie als das Erreichen optimaler Koordination von Kontakt- und Stützfunktionen bestimmen. Wir können durch weitere Forschungen allmählich zu einer funktionalen Typologie der Neurosen gelangen.

In dieser Hinsicht halte ich das Kontakt-Stützungs-Konzept für ein nützliches Werkzeug in der therapeutischen Situation. Es berücksichtigt unmittelbar das gesamte Verhalten des Patienten, nicht nur seine Geschichte und seine Verbalisierungen. Der Patient lernt, mit dem Material zu arbeiten, das unmittelbar in der aktuellen Situation für ihn ohne zu spekulieren oder zu interpretieren verfügbar ist, indem er alle Aspekte seines aktuellen Verhaltens überprüft und das in den Vordergrund bringt, zur Figur werden läßt, was gewöhnlich unbemerkt im Hintergrund bleibt. Die Fragen »Wie?«, »Was?«, »Wo?« oder »Was löst das in diesem Moment in dir aus?« haben gegenüber den Fragen »Warum?« oder »Wofür?« Priorität. Beschreibung herrscht über Erklärung vor, Erfahrung und Experiment über Interpretation. Wenn wir strikt von der Oberfläche aus arbeiten, z. B. von der aktuellen Bewußtheit in jedem einzelnen Moment, dann vermeiden wir den Fehler, vorzeitig Tiefenmaterial anzusprechen, das in erster Linie »verdrängt« wurde und »verdrängt« werden mußte, weil es in der Geschichte des Patienten zu einem gegebenen Zeitpunkt nicht bewältigt werden konnte. Es durch Traum-Interpretation oder symbolische Handlungen verfügbar zu machen, heißt nicht, es nützlicher werden zu lassen, sondern bewirkt oft die Verstärkung des Abwehrmechanismus, die Vergeudung von Zeit oder schlimmer noch, den Verlust von Material durch Projektion. Die »negative therapeutische Reaktion« ist, ähnlich wie die negative Reaktion auf irgendeine andere Erfahrung, das Ergebnis von Kontakt ohne Stütze.

Auf der anderen Seite aktiviert die Verstärkung und Erweiterung der Stützfunktionen die verleugneten Gefühle und Potentiale für Kontakt und läßt zuvor verdrängtes Tiefenmaterial leichter zugänglich werden. Dieser Vorgang könnte mit der Schöpfung eines Kunstwerkes verglichen werden (welches die höchste Form integrierter und integrierender menschlicher Erfahrung ist), in welchem der Konflikt zwischen einer Fülle von unvereinbaren und nicht handhabbaren Erfahrungen in dem Moment bewußt wird, in dem die Mittel für ihre Interpretation und Verwandlung verfügbar werden.[1]

---

[1] Perls, Laura: The Psychoanalyst and the Critic. In: Complex 2, 1950 — siehe Kapitel III in diesem Buch.

Wie die Konzepte von Kontakt und Stütze in der Therapie angewandt werden, wird in den beiden Falldiskussionen deutlicher werden.

Der Fall Claudia

Claudia, eine 25-jährige Schwarze, kommt aus der westindischen unteren Mittelklasse. Die Familie ist auf viktorianische Weise sozial ergeizig; sie versuchen, der weißen Gesellschaft nachzueifern und sich vom »schwarzen Gesindel« durch strikte Moral und Verhaltensweisen, die in der gegenwärtigen weißen Gesellschaft gar nicht mehr gültig sind, abzugrenzen. Sie sind auf zwanghaft-konventionelle Weise religiös.

Ihr Vater war herrschsüchtig und ziemlich brutal; er verließ die Familie, um dem Father Divine[2] zu folgen, als Claudia ungefähr zwölf Jahre alt war. Sie hat jetzt keinen Kontakt mehr zu ihm. Nachdem sie einst sehr viel Angst vor ihm hatte, fühlt sie jetzt nur noch Verachtung für ihn. Ihre Mutter ist bescheiden und unterwürfig, selbstaufopfernd, religiös moralisierend. Ihre jüngere Schwester ist hübsch, feminin, sanft, mütterlich beschützend. Ihr jüngerer Bruder beging Selbstmord, als er wegen einer unterstellten und wahrscheinlich homosexuellen Verwicklung im Gefängnis saß.

Die Patientin betrachtet sich selbst als emanzipiert. Sie ist sehr intelligent, hat ein Diplom in Sozialwissenschaften und ist Fürsorgerin in einer städtischen Einrichtung. Sie ist kaffeebraun, schlank und groß, ganz attraktiv aber unauffällig gekleidet und zurechtgemacht. Sie hat ein gutes Benehmen, verwendet »gebildete« Sprache und hat Prinzipien für das, »was eine junge Frau tun oder lassen darf«. Motorisch ist sie sehr ungelenk; ihre Stimme ist scharfkantig. Sie ist knochig und ziemlich flachbrüstig, ihr Kopf ist aggressiv nach vorne geworfen, die Muskeln in ihrem breiten, jungenhaften Nacken sind angespannt. Sie lebt zu Hause mit ihrer Mutter, Schwester und einer Tante, die sie ein-

[2] Zu der Zeit war Father Divine eine berüchtigte Kultfigur in den USA.

schüchtert und ausschimpft, und einem rechthaberischen religiösen Onkel, den sie verabscheut und vor dem sie Angst hat.

Sie kommt zur Therapie, weil sie »einfach nicht gut genug für irgendwas« ist. Sie interessiert sich nicht genug für ihre Arbeit; sie fürchtet sich vor ihren Klienten und verachtet sie. Sie bleibt hinter ihren Aufgaben in der Fürsorge zurück. Sie kann sich nicht auf ihre Studien konzentrieren und mußte verschiedene Examen wiederholen. Sozial gesehen ist sie schwierig und unglücklich. Die Leute mögen sie nicht; sie scheinen sie zu fürchten. Sie kann die »richtigen« Leute nicht finden; aber sie kann auch nicht alleine sein. Sie diagnostiziert sich selbst als paranoid und fürchtet sich vor dem Verrücktwerden. Sie berichtet von gelegentlichen Selbstmordphantasien, die sie selbst aber nicht sehr ernst nimmt. Ernster zu nehmen sind Kopfschmerzen, die sie oft tagelang belästigen. Sie beklagt sich darüber, daß sie keine weibliche Kleidung tragen kann und daß sie sich davor fürchtet, zum Tanzen und auf Parties zu gehen, bei denen sie in flippigen Kleidern sich blöd vorkommt. Trotzdem geht sie und erleidet Qualen.

Die Patientin hat kein manifestes Sexualleben. Sie fühlt sich in einer vagen Weise erregt und angezogen von beiden Geschlechtern. Sie verurteilt beide Neigungen, fühlt sich leichtfertig und sündig mit der einen, sonderbar und pervers mit der anderen.

Sie ist auch einer Reihe von zwanghaften Ritualen und Gewohnheiten ausgeliefert, unter ihnen ein ausgeprägter Waschzwang, den sie noch nicht einmal erwähnt. Da diese Gewohnheiten ihre Mittel sind, um Sicherheit zu gewinnen, also ihre Stützfunktionen, sind sie automatisch und selbstverständlich. Obwohl die Patientin betont, wie krank, schwach und verwirrt sie sich fühlt und wie sie leidet, macht sie den Eindruck von Kompetenz, Klarheit und großer Stärke.

Die Patientin kam zu mir seit 1949 einmal in der Woche während dreier Zeitabschnitte von je sieben bis acht Monaten. Die Unterbrechungen waren zum Teil auf Zeitmangel und Geldknappheit, eher aber wohl auf ihre Unfähigkeit zurückzuführen, nach langen Ferien oder sogar schon nach einer einwöchigen Pause wieder neu mit der Psychotherapie anzufangen. In der Zeit zwischen 1952 und Anfang

1953 hatte sie ein gewisses Funktionsniveau erreicht, und dann sah ich sie nicht mehr, bis sie freiwillig Ende 1953 zurückkehrte, um einige Schwierigkeiten durchzuarbeiten, derer sie sich in der Zwischenzeit bewußt geworden war. Seitdem hat sie stetig gearbeitet, wurde immer konzentrierter und erfolgreicher und nähert sich schnell dem Ende ihrer Behandlung.

Aber ich möchte an den Anfang zurückkehren. Ihr erster Satz, nachdem sich sich auf die Couch hatte plumpsen lassen, war »mir geht es schlecht, Frau Doktor. Sie müssen etwas für mich tun. Ich bezweifle aber, ob Sie es können. Sie werden kaum besser sein als Doktor X (eine psychiatrische Ärztin, mit der sie einige Zeit gearbeitet hatte und die sie zu mir geschickt hatte). Sie konnte mit mir nichts anfangen« usw.

Offensichtlich forderte mich die Patientin heraus und verhöhnte mich. Sie stellte Forderungen, sagte mir, wie ich mit ihr umgehen müßte, versuchte zu dominieren und die Situation zu kontrollieren. Es wurde natürlich auf dem Hintergrund ihrer Familiengeschichte schnell klar, daß sie sich mit dem herumbrüllenden Vater identifizierte und mich in die Rolle der unterwürfigen, hart arbeitenden und verachteten Mutter hinein zu manipulieren versuchte. Aber während der ersten Minuten des ersten Interviews hatte ich diese Information nicht, und ich brauchte sie nicht. Ich brauchte nur meine eigenen Reaktionen auf das Verhalten der Patientin zu befragen, meine Bewußtheit davon, daß ich klein gemacht und überrumpelt wurde und daß ich Feindseligkeit, die sie in mir auslöste, spürte, um das spezifische Muster zu erkennen, das die Patientin in dieser Begegnung ebenso wie in jeder anderen Kontaktsituation ausagierte. Für sie war es ein Kampf, in dem sie als die Bessere hervorgehen mußte, eine Frage von Sieg oder Niederlage, fast eine von Leben oder Tod. Wenn sie unfähig war, die Situation zu kontrollieren, wurde sie verwirrt und ängstlich und mußte sich zurückziehen.

Hätte ich ihr erlaubt, auf diesem Pfad weiterzuwandern, dann hätte sie nur das Gefühl gehabt, wieder davongekommen zu sein, d.h. es hätte ihre Verachtung für das weibliche Geschlecht und damit ihre eigenen grundlegenden Minderwertigkeitsgefühle nur erhöht und verstärkt. Hätte ich ihr dagegen deutlich gemacht, daß sie mir Vorschriften für mein professionelles Handeln machte, daß ich jedoch die Therapeutin war und die Therapie führte, hätte ich einen verschärften Kampf provoziert, da sie ganz unfähig gewesen wäre, mit der darauf folgenden Verwirrung fertig zu werden. Tatsächlich lief sie zu ihrer früheren Analytikerin zurück, und es gelang ihr gewöhnlich, diese dahingehend zu manipulieren, daß sie sie entweder für einen Besuch empfing, oder zumindest für ein stundenlanges Telefongespräch, um sich ihrer eigenen Überlegenheit wieder zu vergewissern, wann immer sie das Gefühl hatte, daß ich ihr in irgendeiner Art und Weise überlegen war. Während der ersten wenigen Wochen, in denen sie mit mir arbeitete, ging sie häufig zurück, ohne mir davon zu erzählen. In späteren Stadien ging sie nur noch sporadisch und erzählte mir davon in der folgenden Sitzung zunächst ganz frech: »Ich habe Doktor X besucht ... so, was haben Sie dazu zu sagen!« und später immer verwirrter: »(Lächeln) Wissen Sie, (Zappeln) ich rief Doktor X an (Erröten)!«

In der ersten Sitzung zog ich mich weder von dem Kampfmuster, das die Patientin der Situation aufzudrängen versuchte, zurück, noch ließ ich mich darauf ein; ich fragte sie, ob sie wirklich Hilfe wollte, »Ja natürlich, deshalb komme ich ja her«. Ich wies sie darauf hin, daß sie in einer etwas seltsamen Art und Weise um Hilfe bat, indem sie nicht wirklich um etwas bat, was sie vernünftigerweise erwarten konnte, sondern indem sie es forderte, als wenn ich ihr etwas vorenthalten wollte und als wenn sie ihr Recht, es zu bekommen, deutlich machen müßte — »Sie tun das besser, oder sonst ...!« Sie kannte mich nicht wirklich, sondern versuchte mich in eine Schublade zu stecken, mir ein Etikett aus dem Vorrat ihrer vergangenen Erfahrungen aufzudrücken und darüber zu phantasieren, was ich in der Zukunft tun und lassen würde. Das einzige, was sie versäumte, war, mich hier und jetzt in Betracht zu ziehen (von Angesicht zu Angesicht), mich anzuschauen und mir zuzuhören, Kontakt mit mir aufzunehmen und über mich etwas in der gegenwärtigen Situation herauszufinden. Einen Moment lang war ihr der Wind aus den Segeln genommen; sie war ihrer gewohnheitsmäßigen Stützung beraubt. Sie wurde ein bißchen verwirrt und verlegen, aber fing sich sehr schnell wieder, warf ihren Kopf nach vorn und bellte »Ich weiß nichts über Ihre Qualifikationen. Haben Sie welche? Nach allem was ich weiß, könnten Sie ein Quacksalber sein!« Ich befriedigte ihre Neugier in dieser Hinsicht, deutete aber dann darauf hin, daß sie nach Versicherungen aus der Vergangenheit suchte (diesmal *meine* vorhergehende Erfahrung und Ausbildung), statt einer Auswertung dessen, was sie von mir und durch mich in der Gegenwart erfahren könnte.

Die folgenden Wochen und Monate wurden hauptsächlich darauf verwandt, sich auf die Hier-und-Jetzt-Erfahrung zu konzentrieren. Ich hielt die Patientin davon ab, zu sehr bei ihrer Geschichte und bei ihrem familiären Hintergrund zu verweilen. Es wurde für sie immer offensichtlicher, daß sie die Vergangenheit als bequeme Entschuldigung und Rechtfertigung benutzte und daß sie ihre Familie mit der gesamten Verantwortung für das, was sie jetzt war, belastete, so daß sie keinerlei Anstrengung für einen bedeutsamen Wandel in der Gegenwart zu machen brauchte. Die Fragen »Welche Anstrengung?« oder »Anstrengung wogegen?« aktivierten intensive Arbeit an ihrer sogenannten Faulheit und ihrem Konzentrations- und Kontaktmangel. Ich verdeutlichte ihr, daß Kontakt nur leicht und angemessen vollzogen werden kann, wenn eine entsprechende und kontinuierliche Stützung vorhanden ist. Die offensichtlichen *Diskontinuitäten* in ihrer Verhaltensweise, ihre sprunghaften Bewegungen, die Brüche in ihrer Stimme, ihr flaches arhythmisches Atmen, ihre Trennung von Kopf (Geist) und Körper (Animalisches), ihre doppelten moralischen Standards, ihre männliche Überlegenheitsphantasie gegenüber der Realität ihres Frau-Seins, um nur ein paar zu nennen, wurden abwechselnd in dem Maß von Bewußtheit in den Vordergrund gerückt, in welchem, wenn nicht gerade ein unmittelbarer Wandel, so doch wenigstens eine experimentelle Annäherung, eine Phantasie oder ein homöopathisches Spiel mit verschiedenen Verhaltensweisen möglich wurden.

Die Unfähigkeit, sich für eine Zeit lang zu konzentrieren, lieferte die erste Gelegenheit, um ihr ihre Technik, sich selbst zu sabotieren, detaillierter bewußt zu machen. Sie kam offensichtlich mit dem großen Interesse, sich selbst zu helfen, in die Therapie, war aber in jeder Sitzung entweder gelangweilt oder irgendwie nebelig, ziellos und von Kleinigkeiten abgelenkt. Sie sagte »Ich kann irgendwie anfangen (dabei stieß sie ihren Kopf nach vorne, ihre Stimme hob sich, ihre Augen wurden stechend), aber dann . . .« (der Kopf fiel herab, sie sah vernichtet aus, die Stimme versiegte, der Satz blieb unvollendet). Eine ganze Serie von Experimenten wurde um jedes Detail dieser »Halb-Erfahrung« herum durchgeführt. Sie lernte es, auf den Ton ihrer Stimme zu achten und darauf, wie sie ihn erzeugte. Die Stimme trug nicht, sie gab sich keine Gelegenheit, während des Sprechens wieder einzuatmen. Der Atemrhythmus stand still, das Zwerchfell wurde am Ende des Ausatmens angespannt, die Stimme mußte mit großer Spannung in den Nacken-, Gesichts- und Halsmuskeln aus dem Hals herausgestoßen werden. Sie fand heraus, daß ihre Sprache kein wirklicher Ausdruck war, sie kam nicht aus dem Zentrum (d.h. von einer ausbalancierten Haltung und der Kontinuität eines rhythmischen Atmens, die unerläßliche Stütze für optimales Funktionieren), sondern es war ein »Vortäuschen« (*pre-tense*) im wörtlichen Sinn des Wortes (das nur vom Kopf und Hals kam). Als sie ihrer Stimme zuhörte, erkannte sie plötzlich mit einem Schock »Ich klinge wie mein Vater — rauh und brutal«. Dann, ohne von oben her zu stoßen, »und ich ende wie meine Mutter — verwirrt, dumm«. Ihr Atem wurde tiefer, rhythmischer, sie fühlte ihren »Magen warm werden. Jetzt flattert und zwickt er«, und sie fing an zu weinen. Von der erhöhten Selbstwahrnehmung in der aktuellen therapeutischen Situation, ohne in den Erinnerungen zu wühlen und ohne Interpretation, erkannte die Patientin so die doppelte Identifikation mit beiden Eltern sowie dem daraus folgenden inneren Konflikt, gleichzeitig aber auch die Mittel ihn zu lösen.

Ihre motorische Unbeholfenheit und Sprunghaftigkeit wurde auch als Teil ihrer Vortäuschung, männlich zu sein, entlarvt. Genau so, wie in der Konversation und Auseinandersetzung nur der Kopf und die Stimme nach vorn kamen, bewegten sich, oder besser gesagt zuckten nur die Extremitäten bei einer aktuellen Bewegung in irgendeiner

Richtung oder auf ein Objekt hin, während der Rumpf steif blieb und die Beckenregion zurückgezogen war. Die Gelenke waren steif; es gab kein Federn und kein Gleichmaß in ihren Bewegungen. Da sie groß und schlaksig war, sah und fühlte sie sich nicht nur unbeholfen, sondern grotesk. Mit erhöhter Bewußtheit und mit Hilfe detaillierter Übungen gewann sie allmählich immer mehr Beweglichkeit, mehr Kontinuität im Atmen, mehr Flüssigkeit in der Bewegung. Sie fühlte »mehr Energie, mehr Vertrauen, mehr Schwung und mehr Erregung«. Sie fing an, Tennis zu spielen und wurde bald zu einer ganz guten Spielerin. Sie arbeitete leichter und mit größerem Interesse und nahm neue soziale Kontakte auf.

In dieser Zeit hatte sie eine intensive lesbische Phase. Sie hielt immer noch ein vorwiegend negatives Konzept der Weiblichkeit aufrecht, gepaart mit relativer Starrheit und Fixierung der Beckenregion. Während der letzten wenigen Monate — nachdem wir ihre anfängliche Ekel-Barriere durchgearbeitet hatten (was wiederum zu einiger Arbeit an ihren Eß- und Lerngewohnheiten, ihrem gleichgültigen Hineinstopfen und Hinunterschlucken von Nahrung ebenso wie von Informationen und Prinzipien, sowie an ihrem Gefühl »es satt zu haben« führte) — entwickelte sie immer mehr Empfindsamkeit und Flexibilität in ihrer Körpermitte und damit größere Akzeptanz ihrer selbst und ihrer Möglichkeiten als Frau. Sie fand Interesse an Männern und fühlte Erregung und hat kürzlich einige intime heterosexuelle Erfahrungen gehabt. Sie fühlt sich noch nicht sehr stabil, und es wird noch einige Zeit brauchen, bis sie positivere weibliche »Techniken« entwickelt hat.

Ihre frühere Rauheit, das Vortäuschen von Stärke, die nicht vom Zentrum her unterstützt war, wurde durch echte Verlegenheit ersetzt, die Bewußtheit temporärer Störungen der Kontakt- und Stützungsfunktionen, und das bedeutet Unsicherheit, Neugier vermischt mit Unwillen, ein wenig Angst und einer Menge Erregung. Das physische Aussehen der Klientin hat sich beträchtlich geändert, ganz abgesehen von den Veränderungen in der Haltung und Koordination. Ihre Knochenstruktur ist natürlich die gleiche geblieben, aber ihr Busen ist entwickelter, ihre Hüften sind schwerer, ihr Gesicht ist entspannter und sieht runder aus. Ihre Menstruationsperiode, die gewöhnlich sehr früh einsetzte (23 Tage), kam zunächst verzögert (33 bis 35 Tage) und jetzt eher normal (28 bis 30 Tage). Sie hat ihren eigenen Stil in der Kleidung gefunden, der sportlich-weiblich ist, ohne Schnickschnack, recht hübsch. Sie hat, zumindest für den gegenwärtigen Zeitpunkt, ihre Arbeit als Fürsorgerin aufgegeben und eine Tätigkeit in einer Bücherei angenommen. Sie hat das Gefühl, daß ihr dies mehr Unterstützung für ihren Lernprozeß und den Umgang mit ihren Problemen gibt als ihre früheren Anstrengungen, mit den Schwierigkeiten anderer Menschen umzugehen. Sie hat die Wohnung ihrer Familie verlassen und ist in ein Appartement-Haus nahe ihrer Arbeitsstelle umgezogen. Sie überlegt jetzt, ob sie ein Appartement mit einem Freund teilen soll. Claudia wurde tatsächlich das, was sie sich früher nur eingebildet hatte, aber was sie irgendwie sein wollte, nämlich eine emanzipierte Frau.

Der Fall Walter

Walter ist 47 Jahre alt und ein jüdischer Flüchtling aus Mitteleuropa. Er kommt aus einer verarmten Mittelschichtfamilie, die ihm dennoch eine Universitätserziehung ermöglichte. Er wurde Rechtsanwalt, aber da seine Zeugnisse in den verschiedenen Ländern seiner Emigration ungültig waren, mußte er ins Geschäftsleben einsteigen.

Sein Vater war ein erfolgloser Geschäftsmann, farblos, bescheiden und sanft, ohne Initiative. Seine Mutter war ehrgeizig, herrschsüchtig und verbittert über die Fehlschläge des Vaters. Sie war irritierbar, inkonsequent in ihren Forderungen, jedoch etwas liebevoller, als ihr Sohn schließlich einen professionellen und sozialen Status erreicht hatte. Sie starb in einem Asyl in der Emigration nach einem paranoiden Zusammenbruch. Sein jüngerer Bruder ist ein Luftikus, offensichtlich unberührt durch die Familiensituation.

Der Patient ist mit einer intelligenten und subtil manipulierenden Frau verheiratet. Sie haben zwei Kinder, eines davon ist etwas spastisch. Walter mag seine Kinder, aber er glaubt, daß er nicht sehr gut mit ihnen umgeht; er ist zu ängstlich, zu einengend. Die ursprünglich ruhige und freundschaftliche Ehe ist in letzter Zeit etwas unsicher geworden. Seine Frau, die sich anläßlich der Behinderung und Therapie des Kindes für Psychologie zu interessieren beginnt, macht selbst eine Therapie und wird zunehmend unzufriedener mit ihrer Beziehung, vor allem wegen seiner Gleichgültigkeit ihren Interessen gegenüber.

Der Patient sieht müde, resigniert und alt aus. Er geht leicht gekrümmt, die Ellenbogen eng an seinem Körper, mit schlürfenden Füßen. Sein Ausdruck ist intelligent, aber besorgt. Seine Augen blicken verstohlen umher und suchen nach einem »Ausweg«, sein Mund ist in einem entschuldigenden Lächeln erstarrt. Er spricht zögernd und nur, »wenn er angesprochen wird«. Seine Stimme ist monoton und hat eine jammernde Qualität.

Er ist unzufrieden und auf eine triste Weise mit nahezu allem in seinem Leben unglücklich. Er beklagt sich weniger, als daß er mit sich selbst darüber zankt, daß er solch ein Mißerfolg im Geschäft, in sozialen Kontakten und im Familienleben ist. Er schiebt alles auf, was keine strikte Routine ist, kleine geschäftliche Telefonanrufe ebenso wie größere Entscheidungen. Er fürchtet sich davor, Leuten zu begegnen, zerbricht sich den Kopf darüber, was er sagen soll, fühlt sich unbeholfen und gehemmt. Er fürchtet sich davor, alte Geschäftsverbindungen zu verlieren und ist davon überzeugt, daß er keine neuen aufnehmen kann. Trotz all dieser offensichtlichen Einschränkungen und Selbstvorwürfe ist der Patient nicht erfolglos im Geschäftsleben, verdient einen angemessenen Lebensunterhalt als Vertreter für einen ausländischen Konzern, hat den Umsatz viele Jahre lang gehalten und wird wegen seiner Verläßlichkeit und Vorrausschau geschätzt. Seine Kinder lieben ihn. Er hat auch eine kleine Zahl guter Freunde. Er hat viel Freude daran, im Freien zu sein, im Kontakt mit der Natur. Aber diese positiveren Informationen waren am Beginn der Therapie nicht zugänglich.

Der Patient hatte zwei Sitzungen pro Woche während vier Monaten (März bis Juni 1953), dann nur einmal in der Woche, mit einer zusätzlichen wöchentlichen Gruppensitzung während zehn Monaten. Die Gruppentherapie erwies sich als besonders wirkungsvoll in diesem Fall, und der Patient ist immer noch Mitglied einer Therapie-Gruppe, während seine Einzel-Therapie beendet wurde.

Bei seinem ersten Interview stolperte der Patient in den Raum, schaute nicht rechts noch links, als wenn er Scheuklappen trüge. Er setzte sich auf die Stuhlkante, wörtlich »auf die Kante«, wand sich hin und her und sagte während mehrerer Minuten nichts. Auf meine Frage »Was führt Sie zu mir?« klappte er leicht mit den Ellenbogen, zuckte mit seinen Schultern, murmelte schließlich schüchtern, mit einem schwachen Unterton von Irritation und Nörgeln, »Ich weiß nicht, weshalb ich herkomme... Meine Frau glaubt, ich sollte... Ich glaube nicht, daß es irgendeinen Sinn hat... Ich weiß nicht, was ich sagen soll... Meine Frau sagt...« usw. usf. (Achselzucken, Zusammenbruch).

Ich fühlte mich auch irgendwie erschlagen und ein wenig gelangweilt. Der Patient hatte, zumindest für den Augenblick, sein neurotisches Ziel erreicht, er wies mich ab, langweilte mich mit seinem monotonen Jammern und seinen Wiederholungen; er tat tatsächlich sein Bestes, um mich davon abzubringen, Interesse zu gewinnen. Er betrachtete die ganze Situation offensichtlich als Unsinn und wollte in Ruhe gelassen werden. Aber indem er mir seine vollkommen negative Front präsentierte, zeigte er im Detail die Techniken, die seine Rückzugsmuster unterstützten, und so versorgte er mich ganz unabsichtlich mit genau dem, was er so verzweifelt zu verbergen suchte, den »Griff«, mit dem ich ihn erreichen konnte.

Wie im Fall Claudia wies ich den Patienten darauf hin, daß sein Weg, um Hilfe zu bitten, nicht gut gewählt war, um sie tatsächlich zu erhalten, und wenn er überhaupt irgendetwas bewirkte, dann das Versiegen jeglichen Interesses, das man entwickeln könnte, um irgendetwas mit ihm zu tun. »Ja«, seine Stimme klang jetzt sehr viel stärker, fast trotzig, »ich weiß, ich bin langweilig. Ich weiß nie, was ich sagen soll. Ich mag Leute nicht um irgendetwas bitten. Ich mach' mir ständig Sorgen, was sie von mir erwarten könnten. Ich muß herauskriegen, was ich sagen sollte; ich brauche zuviel Zeit dafür und weiß erst hinterher, was ich hätte sagen sollen.«

Als wir der Frage nachgingen, wie all das auf die gegenwärtige therapeutische Situation zutraf, entdeckte der Patient, daß er immer sehr damit beschäftigt war, die Bedürfnisse und Forderungen anderer Leute vorwegzunehmen, oder sich selbst dafür Vorwürfe zu machen, daß er in der Vergangenheit etwas versäumt und keine Möglichkeit hatte, seine eigenen Bedürfnisse, Interessen und Handlungen in irgendeiner gegenwärtigen Situation wahrzunehmen, sogar dann, wenn diese für nichts anderes arrangiert war als für seine eigene Selbstverwirklichung.

Es brauchte einige Monate, um ihm deutlich zu machen, daß das, was er fühlte, nicht, wie er behauptete »nichts« war, sondern vielmehr Unpäßlichkeit, Spannung, Ungeduld, Irritation, Mißtrauen, Furcht; daß das, was er tat, nicht »nichts« war, sondern vielmehr daß er sich selbst zusammenriß, seine Lebensenergie außer Kraft setzte und wartete, daß etwas vorüber sei, sei es in einer Sitzung, in einem Streit mit seiner Frau oder in einer Therapiestunde.

Als er auf seine Stimme hörte, fand der Patient zu seiner Überraschung heraus, daß sie nicht nur wie die seines Vaters klang (eine Tatsache, die er immer wußte), sondern auch, daß sie sich wie die seiner Mutter anhörte, wenn diese sich mit seinem Vater stritt, besonders dann, wenn er sich selbst Vorwürfe und sich klein machte. Das Anhalten seiner Lebensgeister entpuppte sich als eine sehr adäquate Unterstützung für das Kind, um sich aus dem unerträglichen und unlösbaren Konflikt herauszuhalten. Die folgenden Desensibilisierung führte zur Introjektion des und Identifikation mit eben diesem Konflikt und folgerichtig zu einer Externalisierung, die jede Kontaktsituation in eine potentielle Bedrohung verwandelte.

Sogar wenn es ihm gelang, seine Stimme für sein eigenes Anliegen zu aktivieren, geschah es hauptsächlich, um außer Reichweite zu bleiben, um irgendeiner Verantwortung, die ihm möglicherweise zugeschoben werden könnte, zu entfliehen. Er war sehr entschieden, wenn er sagte »Ich kann nicht!« »Ich bin nicht in der Lage...« »Ich weiß nicht!« Der Ton seiner Stimme ließ keinen Zweifel daran, daß das, was er wirklich ausdrückte, war »Ich will nicht!« Aber er fand einen Weg, um sich dessen nicht bewußt zu sein, und brauchte sich deshalb auch nicht wegen seines eigenen Trotzes schuldig zu fühlen.

Es war verhältnismäßig einfach, dem Patienten empfindungsmäßig und intellektuell bewußt zu machen, *was* er tat, *wofür* er es tat, daß seine Techniken ihm Stützung für den *Rückzug* von unerwünschten und unerträglichen Erfahrungen in der *Vergangenheit* gaben, daß sie *jetzt* eine Blockierung und *eine Störung in dem gewünschten Kontakt* darstellten. Es war sehr mühevoll und brauchte viele Monate konzentrierter Arbeit und eine Vielzahl von Experimenten und Übungen für jedes Detail seiner Rückzugstechniken, um den Patienten zu dem Grad an *motorischer* Bewußtheit zu verhelfen, der es ihm ermöglichte, eine Veränderung vorzunehmen.

Bei Claudia fanden wir ein gewisses Maß an Mobilität der Extremitäten, die nicht von der zentraleren Koordination der Haltung und der Atmung unterstützt wurde; bei Walter finden wir überhaupt kaum Beweglichkeit. Er war buchstäblich zu einem Block zusammengezogen. Claudia hatte die Möglichkeit, die Starre ihres Rückens, ihrer Brust und ihres Beckens mit der Sprunghaftigkeit ihrer Extremitäten zu vergleichen, und folglich konnte sie damit experimentieren, die Modi der Bewegung in beide Richtungen auszudehnen, bis sie einige Kontinuität der Koordination und Flexibilität erreicht hatte. Aber bei Walter gab es nichts Vergleichbares — d.h. es gab nicht genügend Unterschiedlichkeit in seiner motorischen Erfahrung, um irgendeine besondere Bewegung oder Spannung zur Figur im Vordergrund zu machen, nichts außer dem Achselzucken. Von der Bewußtheit des Achselzuckens dehnte sich die Bestandaufnahme weiter aus. Der Patient erfuhr die relative Beweglichkeit seiner Schultern im Gegensatz zur Rigidität der angrenzenden Regionen — Nacken, Arme, Brust. Er erkannte das Achselzucken spontan nicht nur als eine symbolische Geste, sondern auch als einen aktuellen motorischen Ausdruck von »Ich kann nicht!« oder »Ich weiß nicht!« — der Beginn einer Bewegung ohne Ziel, ohne Richtung, ohne Kontinuität. Indem der Patient mit

Zielgerichtetheit, Kontinuität und Richtung experimentierte, wurde er sich dessen bewußt, daß er überhaupt keine Bewegungen nach außen machte, er war vollständig in der Vertikale zusammengezogen und hatte keinerlei Ausdehnung in horizontaler Richtung, keine Flexibilität des Nackens, kein Schwingen oder Heben in seinen Armen, keinen Auftrieb, keine Haltung, kein Ausschreiten.

Als es ihm nach mehreren Monaten der Wahrnehmungsexperimente und Übungen teilweise gelungen war, etwas lockerer zu werden, verwandelte sich seine pflichterfüllte Schuljungenhaltung (»Meine Frau glaubt...,« »Meine Analytikerin sagt...,« »Ich weiß, ich sollte...«) zu einem wirklichen Interesse und zu Neugier. Er wurde leichter im Umgang mit Menschen und viel freundlicher. In diesem Stadium ging er durch eine Phase intensiver Verlegenheit. Er wurde ermutigt, diese Verlegenheit zuzulassen und auszudrücken, statt sich aus der verwirrenden Situation zurückzuziehen oder, was noch schlimmer wäre, an ihr mit Verbissenheit festzuhalten. Ihm wurde klargemacht, daß Verwirrung die unvermeidliche Bewußtheit fehlender Unterstützung ist, die die erregende Kontaktaufnahme mit irgendeinem neuen Ereignis begleitet. Es ist somit der emotionale Zustand, der charakteristisch für alle Stadien schnellen Wachstums und schneller Entwicklung ist. Er ist typisch für das kleine Kind in einem bestimmten Stadium, wie auch für den Heranwachsenden. Er geht auf das Fehlen oder die mangelnde Bewußtheit angemessener Techniken zum Umgang mit der neuen Erfahrung zurück. Wenn man in der Situation bleiben kann, trotz oder besser noch *mit* der Verwirrung, hat man die Chance, erfolgreicheren Kontakt mit der neuen Erfahrung aufzunehmen und so die Verwirrung zu überwinden, wenn man neue Stützungshaltungen entdeckt und entwickelt. Wenn man andererseits die Verwirrung vermeidet, indem man sich entweder von möglicherweise verwirrenden Situationen zurückzieht (wie Walter) oder sie mit einem vorgetäuschten Mut übergeht (wie Claudia), wird man niemals gültige Stützungstechniken erwerben — d.h. man bleibt beschränkt in seinen Kontaktmöglichkeiten, entweder tatsächlich (wie Walter) oder in der Empfindungsfähigkeit und ihren Konsequenzen (wie Claudia).

Einige Wochen lang fühlte und verhielt sich Walter pubertär: Er errötete und kicherte, und seine Stimme kippte um. Bei wenigen Gelegenheiten, als die Diskrepanz zwischen seiner neuen Entdeckung und dem Mangel an Unterstützung, vor allem die Rigidität seines Zwerchfells und seiner Oberarme, zu überwältigend wurde, bekam er einen hysterischen Lachanfall, und schrie und gestikulierte wild. Er war in der Lage, den Anfall hinterher als eine spontane Aktivierung der sehr unbeweglichen und unempfindlichen Teile seines Organismus zu erkennen (der hysterische Anfall ist wahrscheinlich eine motorische Notfallreaktion des gesamten Organismus, gerade so wie Gähnen im Fall von Sauerstoffmangel). Konsequenterweise konnte er seine Bewußtheit auf immer koordiniertere Mobilität ausdehnen.

In diesem Stadium wurde die Gruppentherapie ein sehr wirksames Mittel in der Entwicklung des Patienten. Zuerst scheute er sich sogar vor der entferntesten Erwägung der Möglichkeit, an einer Gruppe teilzunehmen, aber allmählich stimmte er zu, wenigstens intellektuell, daß es ein wünschenswerter Schritt sein könnte. Schließlich schloß er sich der Gruppe an, zunächst als stiller Beobachter, der sehr scheu am Rande saß. Er weigerte sich, auch nur den kleinsten Part in irgendeinem psychodramatischen Experiment zu übernehmen. Aber bald, ermutigt durch seine Beobachtung anderer Gruppenmitglieder, begann er damit, sein eigenes Unwohlsein und seine Verwirrung zuzulassen und auszudrücken.[1] Erst in der Gruppensituation wurde sich Walter in vollem Umfang bewußt, wie hartnäckig und nachdrücklich er darauf bestand, nichts zu wissen und zu können. Er erkannte dies als eine ziemlich kluge und auf ihre Weise kompetente Vermeidungsstrategie. Von da an waren es nur noch einige wenige Schritte — über einige Ex-

---

[1] Dies ist also auch ein Gegensatz zu Claudia, die das Vorgehen in den Gruppen von Anfang an kontrollieren und beherrschen mußte. Als ihre Frechheit und Unechtheit von anderen Gruppenmitgliedern attackiert wurden, hatte sie keinerlei Stützung mehr und konnte sich ihrer Verwirrung nicht stellen. Sie besuchte nur einige wenige Treffen und schied dann aus der Gruppe heraus (1952), nachdem ein Gruppenmitglied die Sinnlosigkeit ihres Waschzwangs aufgezeigt hatte, indem er ihr den Dreck an ihren Händen durch ein Vergrößerungsglas gezeigt hatte. Vor einigen Wochen kehrte sie aus eigenem Antrieb in die Gruppe zurück, interessierter, beobachtender und kooperativer.

perimente mit direkter gegenseitiger Kritik unter den Gruppenmitgliedern, und einer aufregenden psychodramatischen Erfahrung, in der er als seine Mutter agierte, die schrie, schimpfte und einen kleinen Jungen schlug — bis zu einer umfassenderen Erkenntnis seines eigenen gegenwärtigen Kontakts mit Menschen, seinen eigenen Interessen, Meinungen, Kritiken, Bedürfnissen und Forderungen.

Mit zunehmender Selbstbewußtheit gewann er auch gleichzeitig eine echtere Wahrnehmung von anderen. Er muß nun nicht mehr erraten, was man von ihm erwartet, er antwortet unmittelbar auf die Situation und widersteht heftig, wenn er sich überrollt fühlt. Er ist auf intelligente Weise hilfreich für andere in Not; zu jedermanns großer Überraschung war er der einzige, der eine Gruppenteilnehmerin, nachdem diese in einem Anfall von Ärger und Tränen aus dem Raum gestürzt war, am nächsten Tag besuchen ging, um herauszufinden, ob sie in Ordnung war.

Heute ist er der »Vater« der Gruppe, wohlwollend, ein wenig reserviert, aber nicht schüchtern, würdig ohne spießig zu sein, kritisch ohne Nörgeln, recht fröhlich mit einem scharfen Sinn für Humor. Seine Familienbeziehungen haben sich verbessert; er freut sich an seinen Kindern (der Therapeut seines Kindes ist erfreut über seine Geduld und sein Verständnis); er teilt mehr Interessen und Erfahrungen mit seiner Frau. Seine Geschäftsbeziehungen sind viel leichter; er fühlt sich zuversichtlicher und weniger furchtsam; sein Einkommen während der letzten Jahre ist beträchtlich angestiegen. Gegenwärtig ist er im Ausland als geehrter Hausgast von jemandem, vor dem er sich zuvor als seinem Chef gefürchtet hatte und den er nun als seinen Klienten wertschätzt. Er lebt seinem Alter gemäß und sieht zehn Jahre jünger aus.

VII

Der Gestalt-Ansatz

Angesichts der erschreckenden Liste von Fragen, die das Programmkommittee formuliert hat, bin ich eine sehr widerwillige Rednerin. Wenn dieser Großinquisitor ein *Patient* von mir wäre, der zu seiner ersten Sitzung zu mir kommt, bewaffnet mit der Art von Fragen »Was tun Sie, wenn . . . ?«, würde ich nicht versuchen, eine einzige Frage zu beantworten. Stattdessen würde ich ihm eine Geschichte erzählen.

Zwei Bettler, ein Blinder und ein Narr, reisen zusammen. Am Ende eines langen, heißen Tages kommen sie zu einem Bauernhaus, und der Narr sagt: »Laß uns hineingehen und nach einem Glas Milch fragen.« Der Blinde fragt: »Was ist Milch?« »Milch? Milch ist weiß.« »Was ist weiß?« »Weiß? Ein Schwan ist weiß.« »Aber was ist ein Schwan?« »Ein Schwan ist ein großer Vogel mit einem gebogenen Hals.« »Und was ist 'gebogen'?« Der Narr nimmt den Arm des Blinden, streckt ihn gerade und sagt: »Siehst Du, das ist gerade. Und das«, er beugt den Arm des anderen am Handgelenk und am Ellbogen: »Das ist 'gebogen'.« »Aaahhh,« sagt der Blinde, »jetzt weiß ich, was Milch ist!«

Lassen sie uns also zusammen betteln gehen und die erste Frage zu beantworten versuchen:

Was machen wir mit einem widerspenstigen Patienten?

a) Haben sie jemals Hausbesuche gemacht?

b) Wie gehen sie mit Patienten um, die sich weigern Gebühren zu bezahlen?

Alle Patienten sträuben sich von Zeit zu Zeit gegen dies oder jenes.

Alle Patienten sind in dem Sinne schlecht motiviert, daß sie aus den falschen Gründen in die Therapie kommen oder veranlaßt werden zu kommen. Ich bin skeptisch gegenüber einem Patienten, der ein großes Maß an Einsichten zeigt und sein Leiden auf seiner Zungenspitze trägt, und ich bin argwöhnisch gegenüber dem übereifrigen, enthusiastischen, kooperativen Patienten, der zustimmt und bestätigt, den Jargon im Nu aufschnappt und auf Befehl träumt: Er sträubt sich dagegen, seine abweichenden Meinungen, Zweifel und Einwände wirklich zu erfahren und auszudrücken.

Aber im großen und ganzen bin ich nicht sonderlich an den Fragen von Motivation und Empfehlung durch andere interessiert. Ich nehme den Patienten so, wie er sich selbst zum Zeitpunkt seiner Sitzung mit mir darstellt. Er war motiviert genug, um zu dieser Verabredung zu kommen, und hier fangen wir an, nehmen miteinander ganz auf der Basis unserer gegenseitigen Bewußtheit zu diesem Zeitpunkt Kontakt auf. Der Focus auf dem, *was ist* eher als, *was nicht ist* oder *was sein sollte* gibt dem Patienten genügend Stützung, um zur nächsten Sitzung zu kommen, — nicht notwendigerweise eine bessere Motivation, um »Therapie zu machen«, aber die Bereitschaft, den Kontakt mit dem Therapeuten fortzusetzen.

a) Ich habe Hausbesuche nur dann gemacht, wenn die Klienten durch Unfälle bewegungsunfähig waren und in zwei Fällen von Platzangst. Nach einigen Wochen waren beide Patienten in der Lage, in meine Praxis zu kommen.

b) Der Patient, der seine Gebühren zu zahlen vergißt oder sich weigert zu zahlen, gibt Hinweise über seine Widerspenstigkeit gleich am Anfang der Therapie, nicht nur in Bezug auf Geld, sondern auf alles andere, das man von ihm fordern mag: Pünktlichkeit bei Verabredungen, Informationen, das Äußern von Meinungen und Gefühlen, ein Experiment versuchen, Auswertungen seiner eigenen Haltungen und Handlungen oder der anderer. Er mag wegen vieler Gründe widerspenstig sein: Aus Furcht oder Trotz, einem verwirrten Sinn für Werte, einem kindlichen Bedürfnis, versorgt zu werden, ohne etwas dafür tun zu müssen. Dies sind Probleme, die letztlich behandelt werden müssen. In der Zwischenzeit kann der Patient natürlich dazu gebracht werden, auf diese oder jene Weise die Gebühren widerwillig zu zahlen (man kann ihm klarmachen, daß, was immer man für ihn oder mit ihm tut, nicht mit Geld aufgewogen werden kann. Wofür der Patient zahlt, ist Ihre Zeit und Ihre Aufmerksamkeit während dieser Zeit. Alles, was während der Sitzung stattfindet, steht im Dienst der Bedürfnisse des *Patienten*, sogar unsere Forderungen, die bei ihm Angst auslösen oder für ihn unbequem sind. Für seine eigenen Bedürfnisse erbittet der Therapeut nur um regelmäßige Bezahlung. Diese Erklärung wird gewöhnlich intellektuell als fair akzeptiert), aber Sie werden herausfinden, daß die Widerspenstigkeit des Patienten sich in echte Bereitschaft zu zahlen verwandelt, erst wenn er Bewußtheit seines eigenen Wertes entwickelt hat. Nur der kann *geben*, der *hat* und *ist*.

Andererseits ist der bereitwillig und regelmäßig zahlende Patient nicht notwendigerweise der wirklich aussichtsreichste. Vielleicht zieht er eine geheime Befriedigung aus den Opfern seiner Familie für ihn. Es mag sein, *daß er Sie abkauft*.

Es kann sich sogar um einen *Schaufenster-Bummler* handeln, der eben *nicht »kauft«*, sondern der den Eintritt für eine Beratung ebenso zahlt wie für eine Modeschau, den Analytiker »an«probiert und abschätzt und während der nächsten Saison die gleiche Nummer von Verwirrung und Depression mit einem anderen Therapeuten wiederholt. Ich finde, daß meine Bewußtheit vom *Stil* des Patienten und die Tatsache, daß ich ihm nur das zeige, was ihm *unmittelbar* »paßt«, ihn gewöhnlich dazu veranlaßt zu »kaufen«. So bleibe ich schließlich mit dem »Schaufenster-Bummler« stecken, nicht nur mit seiner »Widerspenstigkeit« belastet, sondern auch mit dem besonderen Problem, das aus den vorhergehenden, fehlgelaufenen Therapieversuchen stammt. Aber das ist eine andere Geschichte.

Die zweite Frage: Nehmen Sie an, daß Sie für jeden Patienten unbewußt wünschen, daß es ihm besser geht? Ich kann diese Frage nicht beantworten. Ich weiß nicht, was ich unbewußt wünsche. Soweit ich mir dessen *bewußt* bin, wünsche ich, daß es meinen Patienten besser geht. Wenn es ihnen nicht besser geht, muß ich danach suchen, was ich versäumt habe, mir oder *ihnen* in der fortschreitenden Beziehung bewußt zu machen.

Für diesen Zweck darf ich nicht nur ihre Ausdrucksweise, Kommunikationsbeiträge und Haltungen nutzen, sondern auch meine sogenannte Gegenübertragung. Ich verwende diesen Ausdruck nicht gerne, denn er hat keinen Sinn in unserem Konzept, das seine Bedeutung von der Bewußtheit des gegenwärtigen, aktuellen Augenblicks und nicht von der Interpretation der Vergangenheit her erhält.

Ich drücke meine Gefühle und Haltungen gegenüber dem Patienten nicht immer *verbal* aus. Aber im Verlauf der Therapie lernt der Patient, sich meiner Reaktionen und Ausdrucksformen ebenso bewußt zu werden (und manchmal in stärkerem Maße!), wie ich mir der seinen bewußt werde, selbst wenn sie nicht verbalisiert werden.

Ich teile ihm verbal nur soviel von *meiner* Bewußtheit mit, daß es ihm möglich wird, den nächsten Schritt in seiner eigenen zu tun — der seine Unterstützung für Risiko im Kontext seiner gegenwärtigen, akuten Dysfunktion erweitert. Wenn ich *zu*viel mitteile, kann ich eine *negative* therapeutische Reaktion hervorrufen: Unerträgliche Angst, Flucht, Widerstand, Lähmung, Desensibilisierung, Projektion.

Ich beschreibe einige Probleme und Erfahrungen aus meinem eigenen Leben und von anderen *Fällen*, wenn ich erwarte, daß dies dem Patienten Unterstützung für ein vollständigeres Erkennen seiner eigenen Positionen und Möglichkeiten gibt, — wenn es ihm helfen kann, den nächsten Schritt zu tun.

Die Frage: Was tun Sie mit dem »ausagierenden« Patienten? scheint mir eher ein Problem zu *schaffen* als zu klären. Jeder Patient *agiert* die ganze Zeit auf *irgend*eine Weise, und wir nennen es »ausagieren« hauptsächlich dann, wenn es nicht wünschenswert, unangemessen, übertrieben, übermäßig aggressiv, pervers ist, beispielsweise, wenn es die fortlaufende Entwicklung und die Beziehungen des Patienten unterbricht. Aber der Patient kann auch »ausagieren«, wenn er sich sehr korrekt verhält, — eine katatone Haltung einnimmt — und häufig sogar, wenn er höchst rational und klar verbalisiert; und er agiert auch weiterhin solange aus, wie er ungenügende Stützung für angemessenere Verhaltensweisen hat. Daher besteht die Aufgabe in der Therapie nicht darin, das »Ausagieren« des Patienten zu unterbrechen oder zu verhindern, weil es für ihn ohnehin der einzig *mögliche* Weg ist zu *handeln*, sondern angemessenere Selbststütze für integrierteres und integrierenderes Verhalten aufzubauen.

Dieser zeitraubende Prozeß wird gewöhnlich nicht dadurch unterstützt, daß man den Patienten alle möglichen Restriktionen, Begrenzungen und Bedrohungen auferlegt, zumindest nicht, soweit es sein Verhalten außerhalb der Therapiesituation betrifft. Innerhalb der therapeutischen Situation können einige Restriktionen Teil einer experimentellen Erforschung der Verhaltensmuster und -möglichkeiten sein; aber es ist die Reaktion des *Patienten*, die die Grenzen für die Toleranz des Verhaltens des *Therapeuten* setzt.

Ich bestrafe nicht. Ich glaube nicht, daß die Haltung: »Sie tun besser, was ich Ihnen sage, sonst . . . !« sich mit einem echten Respekt für den Patienten verträgt, dessen Widerstände seine Hauptunterstützung sind. Ihn dafür zu bestrafen, worauf er sich am meisten verläßt, ruft immer eine negative Reaktion hervor: Furcht, Trotz, Ressentiment, Rachegefühle, alles, was den fortlaufenden Prozeß der Kommunikation und des Verständnisses unterbricht. Der bestrafende Therapeut »agiert« selbst auf die schlechtest mögliche Weise »aus«. Und er tut das aus dem gleichen Grund wie der »ausagierende« Patient: Weil er nicht *weiß*, was er sonst tun könnte, — weil er *selbst* über nicht genügend Stütze verfügt, um Unterstützung da zu geben, wo sie am meisten benötigt wird.

Die Frage nach dem physischen Kontakt mit dem Patienten werde ich sehr kurz beantworten. Ich benutze jede Art von physischem Kontakt, wenn ich mir davon verspreche, daß er den nächsten Schritt in der Bewußtheit des Patienten von der aktuellen Situation und dessen, was er darin und mit ihr tut (oder nicht tut), erleichtert. Ich habe keine besonderen Regeln für männliche oder weibliche Patienten. Ich zünde eine Zigarette an, füttere jemanden mit einem Löffel, stecke die Haare eines Mädchens fest, halte Hände oder nehme einen Patienten auf meinen Schoß, wenn mir dies als das beste Mittel erscheint, nichtexistente oder unterbrochene Kommunikation herzustellen. Ich berühre Patienten auch oder lasse sie *mich* in Experimenten berühren, um die Körperwahrnehmung zu erhöhen: um Spannungen, schlechte Koordination, Atemrhythmen, Sprunghaftigkeit oder Flüssigkeit der Bewegung usw. usf. aufzuzeigen.

Es scheint große Meinungsverschiedenheiten und viel Angst bei der Zulässigkeit von physischem Kontakt in der Therapie zu geben, wie auch aus der Formulierung der Fragen, die wir hier untersuchen, hervorgeht. Sie sehen sehr nach einem Plädoyer für sichere Führung durch unbekanntes Gelände aus — offensichtlich eine Absurdität. Wenn wir unseren Patienten helfen wollen, sich selbst umfassender als wahrhaft *menschliche* Wesen zu erkennen, müssen wir selbst den Mut haben, die Gefahren des Menschseins zu riskieren.

Das führt mich direkt zu der Frage: Was denken Sie über die grundlegende Natur des Menschen, und wie wirkt sich dies auf den therapeutischen Prozeß aus? Ich bedaure, daß diese Frage *zuletzt* kommt, denn ich halte sie für die *wichtigste*, in deren Licht alle anderen Fragen entweder sinnhaft oder irrelevant sind. Ich glaube, daß nicht nur jede therapeutische Maßnahme, sondern jeder einzelne Gedanke und jede Handlung von unserer grundlegenden Überzeugung, was einen »Menschen« ausmacht, beeinflußt ist, selbst wenn wir diese Überzeugung nie deutlich ausdrücken und wir sie für so selbstverständlich halten, daß wir uns ihrer selbst kaum bewußt sind. Ich spreche nur für mich selbst — die einzige Art und Weise, wie ein Gestalttherapeut überhaupt etwas sagen kann: Ich bin zutiefst davon überzeugt, daß das grundlegende Problem des *Lebens*, nicht nur der *Therapie*, ist: Wie kann man ein Leben für ein Wesen, dessen hauptsächliches Charakteristikum die Bewußtheit seiner selbst als einzigartiges Individuum einerseits und seiner Sterblichkeit andererseits ist, *lebenswert* gestalten. Ersteres verleiht ihm ein Gefühl überwältigender Bedeutung als eigentliches Zentrum seiner Welt; letzteres ein Gefühl der Frustration und Nutzlosigkeit, weniger als ein Sandkorn im Universum zu sein. Zwischen diesen beiden Polen schwebt und vibriert er in einem Zustand unvermeidlicher Spannung und Angst, der — wenigstens für den modernen westlichen Menschen — scheinbar nicht gemildert werden kann und der den verschiedenen neurotischen Lösungen Raum gegeben hat, die zu einem größeren oder geringeren Maß in unserer *ganzen Kultur* vorherrschen, nicht nur in unseren *Patienten*. Wenn die Bewußtheit und der Ausdruck von Einzigartigkeit und Individualität unterdrückt wird, haben wir die Uniformität, Langeweile und letztlich Sinnlosigkeit der Massenkultur, welcher die Bewußtheit des eigenen Sterbens so unerträglich ist, daß sie um jeden Preis verleugnet werden muß, indem man mit einer Anhäufung von Nichtigkeiten oder mit künstlichen Anregungen (Alkohol, Drogen, Verbrechen) »Spaß« hat. Wenn die Einzigartigkeit und Individualität *über*betont werden, haben wir einen falschen »Humanismus« mit dem Menschen als Maß aller Dinge, was in übertriebenen Erwartungen, Frustrationen und Enttäuschung mündet. Als Reaktionsbildung finden wir entweder falsche Gelassenheit und ein hoffnungsloses oder blasiertes *Laisser-faire*, oder ein falsches Comitment[1], die fanatische Suche nach Pseudo-Kreativität, die nur ein zwanghaftes Herumspielen mit »Hobbies« und »kulturellen Aktivitäten« darstellt, vom *do it yourself*-Anstrich der Küchenregale bis zu »ich besuche meinen Analytiker« und dem Gang zur Kirche.

Wirkliche Kreativität ist nach meiner Erfahrung untrennbar an die Bewußtheit der Sterblichkeit gebunden. Je deutlicher diese Bewußtheit ist, desto größer ist der Drang, etwas Neues hervorzubringen und an der unendlichen, kontinuierlichen Kreativität der Natur teilzuhaben. Das ist es, was aus Sex Liebe macht; aus der Herde eine Gesellschaft; aus Korn und Frucht, Brot und Wein; und aus dem Ton Musik. Das ist es, was das Leben lebenswert und — beiläufig gesagt — Psychotherapie möglich macht.

---

[1] siehe Fußnote S. 115

Solange die jüdisch-christliche Orientierung der strukturelle Hauptpfeiler der Gesellschaft und der Persönlichkeit war, konnte der westliche Mensch seine Identität des Lebens und Sterbens, ohne zu fragen, akzeptieren. Im Osten ist das Ziel des Zen-Buddhismus genau diese Erkenntnis der Identität des Lebens und Sterbens, des Sich-Einlassens und Loslassens. In unserer westlichen Welt ist der Neurotiker der Mensch, der sich seinem eigenen Sterben nicht stellen kann und daher als menschliches Wesen nicht voll leben kann.

In der Gestalttherapie mit ihrer Betonung der unmittelbaren Bewußtheit und des Engagements haben wir eine Methode, um die notwendigen Stützfunktionen für eine sich selbst erhaltende kreative Anpassung zu entwickeln, welche der einzige Weg ist, um mit der Erfahrung des Sterbens, und daher des Lebens fertig zu werden.

VIII

Anmerkungen zu Angst und Furcht

Furcht entsteht gegenüber dem Anderssein, gegenüber einem Objekt, einer Person, einem identifizierbaren Ereignis. Sie aktiviert erhöhte Aufmerksamkeit (Orientierung) für und Manipulation der gefährlichen Situation. Der Stoffwechsel wird erhöht: Aufregung, Wut, Aggressivität.

Furcht und Mut sind keine sich gegenseitig ausschließenden Phänomene, sondern Manifestationen ein und derselben Erfahrung: *Kontakt mit Gefahr.* Erhöhte Aufmerksamkeit und ein zeitweises Übermaß an Energie erleichtern die außergewöhnliche Manipulation der Situation. Deshalb erscheint dem »bescheidenen« Helden die »mutige« Tat nicht als etwas Außergewöhnliches.

Im Gegensatz dazu entsteht *Angst* in einer konfluenten Situation, wann und wo immer die Konfluenz bedroht wird; weil wesentliche Unterstützung fehlt, kann keine pregnante Gestalt entstehen. Die Furcht bleibt im wesentlichen vage, da jede Tendenz zu irgendeiner Unterbrechung — die entweder im Individuum selbst oder in seiner Umgebung entsteht — in einem Zustand von Konfluenz nicht erkannt werden kann.

Der *Zustand der Konfluenz* ist ein Gleichgewichtssystem, das ohne spezifische, bewußte Orientierung und spezifisch gerichtete Einflußnahme funktionieren soll. Wann immer diese Balance gestört wird, entsteht Angst.

Angst ist die *dominierendste frühe infantile Emotion* (die Alternative dazu ist Gleichgültigkeit, in der die Balance der Konfluenz hundertprozentig funktioniert). Sie ist der Zustand einer generell undifferenzierten Irritation, die nicht genügend Orientierung für eine erfolgreiche Auseinandersetzung mit dieser Situation zur Verfügung stellt.

Angst als vorherrschende infantile Emotion kann in der frühen Kindheit nur mit einfachen infantilen Mitteln gehandhabt und überwunden werden. Die undifferenzierte Irritation wird in undifferenzierten, ungerichteten motorischen Emotionen entladen: Schreien und Strampeln, was normalerweise ausreicht, um irgendeine Aktivität in der Umgebung zur Wiederherstellung des Gleichgewichts hervorzurufen. Ich glaube nicht, daß ein Kind durch Angst gelähmt werden kann. Und kein Erwachsener, für den die wesentlichen Stütz- und Kontaktfunktionen verfügbar sind, wird durch Furcht paralysiert.

Lähmung ist die Verhinderung einer potentiell angemessenen Manipulation einer Situation in Kombination mit einer fehlerhaften oder unangemessenen Orientierung. In diesem Zustand der Halborientierung gibt es eine »befangene« Bewußtheit von der Verantwortung für die motorischen Aktivitäten zur Veränderung der Situation. Beispielsweise ist die erste Bewußtheit die des Bruchs der Konfluenz, für die unsere eigene, bereits erkannte Aktivität Verantwortung übernehmen muß (da die Grenzen zwischen unseren eigenen Aktivitäten und denen eines anderen noch nicht errichtet sind oder angemessen funktionieren wie bei Schock, Drogen, Erschöpfung, Introjektion, Projektion usw.). Auf diese Weise erscheint die Lähmung als eine Art magischer Geste, ein Versuch, das katastrophale Ereignis — den Bruch der Konfluenz — und eigene Schuldgefühle ungeschehen zu machen oder zu ignorieren.

Das folgende Diagramm soll die Koordination der verschiedenen Phasen der Orientierung und Manipulation mit den entsprechenden emotionalen Reaktionen auf eine Bedrohung der Balance illustrieren.

Orientierung	Manipulation	Emotionale Antwort
keine Orientierung, Konfluenz	undifferenzierte, ungerichtete motorische Aktivität	Angst
Unangemessene, partielle Orientierung; keine Konfluenz mehr, noch kein Kontakt	Unangemessene, halb-gerichtete motorische Aktivität: motorische Blockierung, Taktlosigkeit, Fehler, Lähmung	Verlegenheit, Schuldgefühle, Befangenheit, Panik
volle, angemessene Orientierung; Kontakt	spezifische, organisierte motorische Aktivität	Furcht, Mut

Wenn wir uns den Überlebenswert dieser verschiedenen Reaktionen anschauen, können wir folgende Beobachtungen machen:

Der Ausdruck von Angst, beispielsweise das offene Zeigen von Hilflosigkeit und desorganisierter motorischer Aktivität, ruft Mitleid und Sympathie in der Umgebung hervor und damit eine Wiederherstellung der Balance. Zumindest für das Kind ist es daher eine angemessene Reaktion. Ihr Wert für den Erwachsenen ist minimal, denn was Sympathie und Hilfe für das kleine Kind hervorruft, kann Antipathie, Spott und Zurückweisung für den Erwachsenen hervorrufen, besonders dann, wenn die Angst und Desorganisation sich nur auf bestimmte Felder der Erfahrung beziehen (Phobien), während er in anderen Feldern eine ganz angemessene Orientierung und Aktivität zeigen kann.

Der fortgeschrittene Psychotiker steht möglicherweise etwas besser da, weil er die Sympathie in der Umgebung in dem Maß hervorrufen kann, in dem seine Angst so offensichtlich und übergreifend ist wie die eines Kindes. Aber während die unerkannten, spezifischen Bedürfnisse des kleinen Kindes verhältnismäßig primitiv sind und mehr oder weniger leicht und spezifisch durch eine erfahrene Umgebung erraten werden können, sind die spezifischen Bedürfnisse des Erwachsenen Psychotikers viel komplexer, nicht nur wegen der differenzierteren Struktur eines Erwachsenen, sondern wegen der Introjektionen und Projektionen, die man kaum je vollständig einschätzen kann. Sie sind nie voll zu befriedigen, auch nicht durch die erfahrendste und sympathischste Umgebung, und deshalb wird seine Angst niemals vollständig besänftigt.

IX

Einige Aspekte der Gestalt-Therapie

Vor vielen Jahren hatte ich einen Traum, der mir immer dann gegenwärtig ist, wenn ich aufgefordert werde, einen Aufsatz zu schreiben oder als »Autorität« *ex cathedra* über die Theorie und Praxis der Gestalttherapie zu sprechen.

Am Abend, bevor ich den Traum hatte, las ich ein Gedicht von John Crowe Ransom, genannt »The Equilibrists«. Es endet mit der Zeile: »Let them ly perilous and beautiful.« (Laßt sie liegen, gefährdet und schön.).

In meinem Traum gehe ich einen Strand entlang, wo ich Paul Goodman und seinen Sohn Matthew treffe. Sie sammeln Muscheln und Kieselsteine. Ich sage:

Sammelt sie nicht; wenn sie trocken werden,
werden die Muscheln brechen, die Kieselsteine werden grau
und stumpf.
Laßt sie liegen, gefährdet und schön.

Dies ist meine Existenz: Ich bin Paul und Matthew, der Lehrer und der Student, der Beobachter und der Ordnung Schaffende. Ich bin die Muscheln und die Kieselsteine, zerbrechlich und stumpf, wenn ich gestrandet und den Wissenschaftlern und Raritätensammlern ausgeliefert bin. Ich bin der Strand, die sich ständig verändernde Küstenlinie, wo die trockene Vergangenheit von Zeit zu Zeit wiederbelebt und durch die Wellen der Gegenwart vermehrt oder vermindert wird. Ich bin auch das Meer, die sich ständig selbst erneuernde, sich rhythmisch bewegende Lebenskraft. Und ich bin der Dichter, der etwas weiß, was die Wissenschaftler vergessen haben.

Ich habe Ihnen gerade ein etwas verkürztes Beispiel der Traumarbeit in der Gestalttherapie gegeben. Was mir durch die Arbeit mit diesem Traum klar wurde und was ich Ihnen bei seiner Anwendung auf die Fragen, mit denen wir es heute zu tun haben, versuchen möchte deutlich zu machen, ist, daß das trockene Aussortieren und Sammeln von Gestalt-Erfahrung in Schubladen mit den Aufschriften Theorie, Techniken, Erweiterungen und ergebnisorientierte Erwartungen vollständig im Mißklang mit der holistischen und organismischen Philosophie der Gestaltherapie ist.

Ich verwende gerne jede Theorie, einschließlich Gestalttherapie, mehr als eine Arbeitshypothese, ein Hilfs-Konstrukt, das wir bauen und an das wir uns halten, zum Zwecke der Kommunikation, Rationalisierung und Rechtfertigung unseres ganz persönlichen Ansatzes. Diese semantischen Konstrukte können, wenn sie in sich schlüssig und kohärent sind — wie das Werk von Freud — große Kunstwerke und als solche ein gültiger Ausdruck und eine Unterstützung für die Erfahrung und Entwicklung vieler Menschen innerhalb einer bestimmten kulturellen Situation sein. Aber wie jede fixierte Gestalt können sie unter veränderten Umständen zu einer festen Blockierung in der Entwicklung einer Person, einer Beziehung, einer Gruppe oder einer gesamten Kultur werden.

Dies führt mich direkt zu dem für mich grundlegenden Konzept der Gestalttherapie, dem *Kontinuum der Bewußtheit*, der frei *fortschreitenden Gestaltbildung*, wo das, was zufällig von größtem Interesse für eine Person, eine Beziehung oder eine Gruppe ist, in den Vordergrund kommt, wo man damit Kontakt aufnehmen und sich damit auseinandersetzen kann, so daß es dann in den Hintergrund treten und den Vordergrund für die nächste bedeutsame Gestalt freimachen kann.

Kontakt wird in jeder *gegenwärtigen Situation* hergestellt, der einzige Augenblick, in welchem Erfahrung und Veränderung möglich ist. Wann immer wir von der Vergangenheit denken und reden, von unseren Erinnerungen, unserem Bedauern, unseren Ressentiments, unserem Kummer oder unserer Nostalgie, vollziehen sie sich erneut und sind bedeutsam eben jetzt in der Gegenwart. Wann immer wir von der Zukunft sprechen, phantasieren, planen, hoffen, erwarten wir und erstreben wir etwas, schauen wir nach vorn oder fürchten uns, immer von da aus, wo wir jetzt sind, in der gegenwärtigen Situation. *Gestalttherapie* ist ein *existenzieller, erfahrungszentrierter und experimenteller* Ansatz, der seine Bedeutung von dem erhält, *was ist, nicht von dem was war oder sein sollte. Keine Interpretation* ist notwendig, wenn wir mit dem arbeiten, was in der aktuellen gegenwärtigen Bewußtheit von Patient und Therapeut verfügbar ist und womit es möglich ist, durch die ständig zunehmende Bewußtheit zu experimentieren.

Kontakt ist ein *Grenzphänomen* zwischen Organismus und Umwelt. Es ist die Anerkennung des und Auseinandersetzung mit dem *anderen.* Die Grenze, wo ich den anderen treffe, ist der Prozeß der Ich-Funktionen, der Identifikation und Entfremdung, die Sphäre von Erregung, Interesse, Anteilnahme und Neugier, oder Furcht und Feindseligkeit.

Die *Elastizität der Grenze* gleicht dem *Bewußtheits-Kontinuum*: Wenn es keine Störung in den sensorischen und motorischen Funktionen gibt, finden unaufhörlicher Austausch und Wachstum (Carl Whittaker nennt es den Wachstumsrand und eine kontinuierliche Erweiterung des gemeinsamen Bodens für Kommunikation statt.

Wenn die *Grenzen starr* werden, haben wir im besten Fall die *zwanghafte* Persönlichkeit, den starken »Charakter« mit starren Haltungen und Gewohnheiten, der rechtschaffen nach Gesetz und Ordnung, Prinzipien, Stolz und Vorurteil lebt. Im schlimmsten Fall haben wir den *Katatonen*, der plötzlich aus seiner Begrenztheit in eine unkontrollierte und zerstörerische Wut ausbrechen kann.

Wenn die Grenzen gebrochen oder verwischt sind, ist die Tür für Introjektion und Projektion geöffnet. Im günstigsten Fall haben wir den infantilen Schmarotzer, den gierigen Introjektor, für den Glücklichsein identisch mit einem Zustand vollständiger Konfluenz ist, der das andere als bedrohlich und feindselig erlebt. Im schlimmsten Fall haben wir den emotional gleichgültigen, desorientierten Schizophrenen, dessen Kommunikation entweder bizarr ist oder völlig fehlt, und der zu einer völlig entfremdeten und isolierten Un-Person degenerieren kann.

Kontakt ist nur in dem Maß möglich, in dem *Stütze* verfügbar ist. *Stütze* ist der gesamte Hintergrund, aus dem sich die gegenwärtige Erfahrung hervorhebt (existiert) und eine bedeutungsvolle Gestalt bildet. Denn das ist es, was mit Bedeutung gemeint ist: die Beziehung einer Figur zu ihrem Hintergrund.

Stütze ist all das, was einer Person, einer Beziehung oder einer Gesellschaft die Assimilation und die Integration von Erfahrung erleichtert: Primäre Physiologie, aufrechte Haltung und Koordination, Sensibilität und Beweglichkeit, Sprache, Gewohnheiten und Sitten, soziale Verhaltensweisen und Beziehungen, und alles andere, was wir in unserem Leben erworben und erlernt haben; kurz gesagt, alles was wir normalerweise für selbstverständlich halten und worauf wir uns verlassen, sogar und in besonderem Maße unsere Kanten und Widerstände, unsere fixen Ideen, Ideale und Verhaltensmuster, die zur zweiten Natur geworden sind, gerade weil sie zur Zeit ihrer Entstehung unterstützend waren. Wenn sie ihren Nutzen verloren haben, werden sie zu Blockierungen im voranschreitenden Lebensprozeß. Wir bleiben stecken in einer Sackgasse, einem *double-bind*, einer todesähnlichen Lähmung.

In der Gestalttherapie ent-automatisieren wir diese sekundären Automatismen, indem wir bei dem scheinbar unlösbaren Konflikt bleiben und jedes verfügbare Detail erforschen: muskuläre Spannungen, die daraus resultierenden Desensibilisierungen, die Rationalisierungen, die Investitionen im *status quo*, die Introjektionen und Projektionen usw. usf. Mit zunehmender Bewußtheit und den sie begleitenden Einsichten, mit der Wiedergewinnung unserer Sensibilität und Beweglichkeit, werden Alternativen möglich und verfügbar. Die *Sackgasse* wird zu einem gegenwärtigen Problem, mit dem wir uns auseinandersetzen und für das wir hier und jetzt Verantwortung übernehmen können.

Dies führt mich zur Frage nach den *Techniken.* Als Gestalt Therapeutin ziehe ich es vor, von Stilen als eine vereinheitlichte Art des Ausdrucks und der Kommunikation zu sprechen. In der Gestalttherapie gibt es so viele Stile, wie es Therapeuten und Patienten gibt. Ein *Therapeut wendet sich selbst* in einer und für eine Situation *an*, mit allen seinen Lebenserfahrungen und professionellen Fähigkeiten, die er assimiliert und integriert hat in seinen Hintergrund, der seiner und des Patienten gegenwärtiger Bewußtheit Bedeutung verleiht. Er überrascht ständig nicht nur seine Patienten und Gruppen, sondern auch sich selbst.

Therapie ist selbst ein *innovativer Prozeß*, in welchem Patienten und Therapeuten sich ständig selbst und einander entdecken und fortwährend ihre Beziehung erfinden.

Bedauerlicherweise wurde der Ansatz, den Fritz Perls in seinen letzten drei oder vier Jahren benutzte, durch extensive Demonstrationen und Filmvorführungen weithin als Gestalttherapie bekannt. Seine Traumarbeit wird als »die« Gestalttechnik imitiert und in einer mechanischen, vereinfachten und albernen Weise durch viele unzulänglich ausgebildete und unerfahrene Gruppenleiter mißbraucht. Aber Nachahmer, die die Komplexität der Situation nicht berücksichtigen, und über keine Bewußtheit des Patienten und ihre eigenen Begrenzungen verfügen, sind nicht nur ignorant, sondern nicht authentisch und unverantwortlich.

Es gibt keine Erweiterungen der Techniken der Gestalttherapie. Gestalttherapie ist selbst eine ständig fortschreitende Erweiterung, in welche Mögliche und wünschenswerte Richtung auch immer, mit Mitteln, wie sie gerade zur Verfügung stehen.

Ich selbst arbeite viel mit Körper-Bewußtheit: Atmung, Haltung, Koordination, Kontinuität und Flüssigkeit der Bewegung; mit Gesten, Gesichtsausdruck, Stimme und Sprache und ihrem besonderen, eigentümlichen Gebrauch. Mit einem Musiker arbeite ich an seinem Instrument und mit einem Schriftsteller an seinem Manuskript. Ich arbeite mit Träumen und Phantasien, um die Identifikation oder Wiederaneignung entfremdeter oder unentwickelter Teile der Persönlichkeit zu erleichtern.

Ich arbeite mit dem *Offensichtlichen*, mit dem, was dem Patienten und meiner eigenen Bewußtheit unmittelbar zugänglich ist. Ironischerweise verwenden wir das lateinische Wort offensichtlich (*obvious*) für etwas, was zu leicht und trivial ist, um uns damit auseinanderzusetzen; und das griechische Wort für »Problem« in der gegenteiligen Bedeutung: eine sehr ernste Schwierigkeit, über die man sich Sorgen machen muß, die diagnostiziert und durchgearbeitet, gelöst und überwunden werden muß. Aber linguistisch haben beide Wörter exakt die gleiche Bedeutung, nämlich das, was gerade auf deinem Weg vor dir ist. Die therapeutischen Möglichkeiten, die in einer gelegentlichen Umkehrung unseres Sprachgebrauchs liegen, sind zu offensichtlich, um überhaupt erwähnt werden zu müssen.

Ich möchte auch nicht über »Fortschritte« sprechen. In der Gestalttherapie ermutigen und erleichtern wir den andauernden Prozeß der Bewußtheit und der Auseinandersetzung mit dem, *was ist*, und wir beenden die Therapie, wenn die Patienten den Grad an Integration erfahren, der ihre eigene Weiterentwicklung fördert.

X

Grundlegende Begriffe und Konzepte der Gestalt-Therapie

Der Begriff »Gestalt« kann im Englischen nicht durch einen einzelnen Begriff wiedergegeben werden. Er deckt eine ganze Reihe von verwandten Begriffen wie Erscheinung, Form, Figur, Konfiguration, strukturelle Einheit, ein Ganzes, das mehr oder etwas anderes ist, als die Summe seiner Teile. Eine Figur ragt aus dem Hintergrund hervor, sie »existiert«, und die Beziehung zwischen einer Figur und ihrem Hintergrund ist das, was wir »Bedeutung« nennen. Wenn diese Beziehung nur schwach oder gar nicht vorhanden ist, oder wenn wir — aus welchen (kulturellen, pädagogischen) Gründen auch immer — nicht in der Lage sind, sie zu erkennen und zu verstehen, sagen wir: »Das hat keinen Sinn«. Es ist absurd, bizarr, ohne Bedeutung.

Was immer existiert, ist hier und jetzt. Die Vergangenheit ist gegenwärtig als Erinnerung, Nostalgie, Bedauern, Ressentiment, Phantasie, Legende, Geschichte. Die Zukunft existiert in der aktuellen Gegenwart als Vorwegnahme, Planung, Probehandeln, Erwartung und Hoffnung oder Furcht und Verzweiflung. Gestalttherapie geht von dem aus, was hier und jetzt *ist*, nicht von dem, was *war* oder was *sein könnte*. Es ist ein existentiell-phänomenologischer Ansatz, und als solcher muß er erfahrungszentriert und experimentell sein. »Über« Gestalt zu reden läuft der Philosophie von Gestalt völlig zuwider.

Die *aktuelle Erfahrung* jeder gegenwärtigen Situation braucht nicht erklärt oder interpretiert zu werden; man kann direkt mit ihr Kontakt aufnehmen, sie fühlen und hier und jetzt beschreiben. Gestalttherapie beschäftigt sich mit dem Offensichtlichen, mit dem, was *unmittelbar* für die Bewußtheit des Klienten oder Therapeuten verfügbar ist und in der aktuellen, fortlaufenden Kommunikation mitgeteilt und erweitert werden kann. Das Ziel der Gestalttherapie ist das *Kontinuum der Bewußtheit*, die sich frei entwickelnde Gestaltbildung, in welcher das, was für den Organismus, die Beziehung, die Gruppe oder die Gesellschaft am wichtigsten und interessantesten ist, zur Figur wird, in den Vorgrund rückt, wo es vollständig erlebt und bewältigt (anerkannt, durchgearbeitet, eingeordnet, verändert, abgelegt) werden kann, so daß es dann im Hintergrund verschmilzt (vergessen oder assimiliert und integriert wird) und den Vordergrund für die nächste, bedeutsame Figur freilegt.

Jede fixierte Gestalt wird mit der Zeit zu einer Blockierung. In psychoanalytischen Termini würde man von Komplexen, Hemmungen und Widerständen sprechen und nach dem Ursprung und den Ursachen in der Vergangenheit, in den frühesten Erfahrungen der Kindheit suchen. Aber es ist keine Fixierung *an* oder *in* Situationen der Vergangenheit; es ist gerade hier und jetzt in den immer noch aktivierten Muskelverspannungen, den gewohnheitsmäßigen und automatischen Verhaltensmustern, den sozialen Einstellungen vorhanden, die zur zweiten Natur geworden sind. Automatismen ersparen Energie und sind nützlich, wenn sie den fortlaufenden Lebensprozeß unterstützen. In der Gestalttherapie arbeiten wir die Widerstände durch, indem wir jene Verhaltensmuster, die zu Hindernissen geworden sind, entautomatisieren, sie in den Vordergrund rücken, wo sie wieder als bewußte Aktivitäten erfahren werden können, für die der Patient dann Verantwortung übernehmen kann: »Das ist es, was *ich* tue. Was tue ich mir damit an? Will ich das jetzt tun? Was könnte ich statt dessen tun?« Mit zunehmender Bewußtheit des *Wie? Wo? Wann? In welchem Ausmaß?* wird das *Warum?* entweder von selbst klar oder bedeutungslos. Wir können hier und jetzt mit Alternativen experimentieren, und Veränderung wird möglich.

Die fixierte Gestalt als eine Blockierung betrifft nicht nur persönliche, soziale und wissenschaftliche Entwicklungen. Ich sehe sie auch und besonders in den Theorien und Praxen der Psychotherapie. Ich halte keine Theorie (Gestalt eingeschlossen) für eine Heilige Schrift, sondern vielmehr für eine Arbeitshypothese, ein nützliches Hilfsmittel für die Beschreibung, Vermittlung und Rationalisierung unseres speziellen persönlichen Ansatzes. Und in der Praxis würde ich lieber von *Stil* sprechen, eine vereinheitlichte, integrierte Art und Weise des Ausdrucks und der Mitteilung, als von definitiv vorgeschriebenen Techniken. Die Experimente sind keine festgelegten Abfolgen technischer Schritte, sondern werden *ad hoc* erfunden, um die Bewußtheit dessen, *was ist*, zu erleichtern. Fritz Perls — mit seinem aus seiner Vorgeschichte stammenden Interesse am Theater — pflegte einen psychodramatischen Ansatz zu verwenden. Andere Gestalttherapeuten arbeiten mit Kunst, Musik, Dichtung, Philosophie, Meditation, Yoga und anderen Körper-Bewußtseins-Methoden wie *Sensitivity Training, Modern Dance,* Alexander-und Rolfing-Techniken, Bioenergetik, Arica-Training, Augenübungen und was immer sie sonst noch in ihr Gesamtkonzept übernommen und integriert haben. Deshalb gibt es nicht Gestalttherapie *und* Körperbewußtheit oder Gestalttherapie *und* Kunst, oder Gestalttherapie *und* irgendetwas anderes, sondern Gestalttherapie ist selbst eine kontinuierlich fortschreitende Erneuerung und Erweiterung in viele möglichen Richtungen und mit vielen Mitteln, wie sie in der Beziehung zwischen dem Therapeuten und dem Patienten in der aktuellen therapeutischen Situation verfügbar sind.

Unglücklicherweise ist das, was in weiten Kreisen als Gestalttherapie bekannt ist und praktiziert wird, hauptsächlich die Methode, die Fritz Perls in den letzten Jahren seines Lebens in Demonstrations-Workshops angewandt hat. Die Dramatisierung von Träumen, die Identifikation mit allen Teilen des Traums und das Durchspielen jedes dieser Teile ist eine sehr eindrucksvolle Demonstrationsmethode, und Fritz Perls verwendete sie mit einem Geschick und einer Sensibilität, die durch 70 Jahre Erfahrung gestützt war. Die Anwendung dieser Methode als »die« therapeutische Technik ohne die volle Beachtung der spezifischen Bedürfnisse und Begrenzungen in der aktuellen Situation ist oberflächlich, simplifizierend, mechanisch, manipulativ und nicht authentisch. Ein Gestalttherapeut verwendet keine Techniken; er verwendet sich selbst in einer und für eine Situation mit den professionellen Fähigkeiten und mit seiner Lebenserfahrung, die er angesammelt und integriert hat. Es gibt so viele therapeutische Stile wie es Therapeuten und Klienten gibt, die sich selbst und einander entdecken und die gemeinsam ihre Beziehung erfinden.

Für die Förderung des Bewußtheits-Kontinuums halte ich die Erfahrung und das Konzept vom Kontakt als *Grenzfunktion* für sehr nützlich, besonders für die Anwendung in der Erziehung, der Kinder- und Familientherapie. Kontakt ist ein Grenzphänomen zwischen Organismus und Umwelt. Es ist das Anerkennen und Umgehen mit dem *anderen*, dem Nicht-Ich, dem Verschiedenartigen, dem Fremden. Die Grenze, wo ich und der andere sich treffen, ist der Ort der Ich-Funktionen der Identifikation und Entfremdung, die Sphäre der Erregung, des Interesses, der Betroffenheit und Neugier oder der Furcht und Feindseligkeit.

Ein kleines Kind lebt an der Grenze, bevor es sozialisiert wird: Es sieht alles an, berührt alles, mischt sich in alles ein. Es entdeckt die Welt, erweitert seine Bewußtheit davon und seine Möglichkeiten, damit in seinem eigenen Rhythmus umzugehen: Spielerisch ernst oder ernsthaft spielend paßt es sich ständig in kreativer Weise seinen eigenen Möglichkeiten an. Wir alle wissen, wie der kontinuierliche, spontane Entwicklungs-und Wachstumsprozeß systematisch durch die übliche Kindererziehung gestört wird: Tu dies nicht, rühr das nicht an, widersprich nicht, sei keine Heulsuse, reiß Dich zusammen usw. usf. Das führt zu einer *Selbst-Störung*, zu muskulären Spannungen und Verkrampfungen, die Wilhelm Reich als Charakterpanzer erkannte, zu fixierten Haltungen, Gewohnheiten und Prinzipien, die unsere ganze Kultur durchdringen und zur sogenannten *»normalen«*, beispielsweise mehr oder weniger zwanghaften Persönlichkeit, die »gut angepaßt ist«, die starr und rechtschaffen nach Gesetz und Ordnung, Stolz und Vorurteil lebt, begrenzt und bestimmt, und die von dem, was jenseits dieser fixierten Grenzen liegt, entweder nichts weiß oder demgegenüber feindselig ist.

Gleichzeitig gibt es bestimmte Konventionen und Zugehörigkeiten, die auf einer *konfluenten* Haltung *innerhalb* der fixierten Grenzen insistieren, die Gleich-Sein und Übereinstimmung sowie das *Eins*-Sein — ein »Wir«-Sein, ohne das Ich-und-Du, also ohne die Anerkennung, daß der andere und man selbst getrennte Individuen sind — für selbstverständlich halten. Dieses Verwischen und Ignorieren von Grenzen trifft nicht nur auf die Gesellschaft im Großen und auf bestimmte soziale, politische, pädagogische und wissenschaftliche oder geschäftliche Institutionen zu, sondern auch auf die zwischenmenschlichen Beziehungen in Ehe und Familie. Es wird immer noch weitgehend für selbstverständlich gehalten, daß Mann und Frau ein Fleisch sind, ein Geist und eine Seele, sie sollten die gleichen Meinungen, Interessen, Aktivitäten und Freunde haben. Über Unterschiede geht man hinweg oder ignoriert sie, und das führt gelegentlich zu einem Streit (in dem sie endlich einmal *wirklich Kontakt* miteinander aufnehmen), in welchem der stärkere Partner gewöhnlich seine (oder ihre) Überlegenheit behauptet und die Konfluenz wiederherstellt. In konfluenten Beziehungen haben die stärkeren Partner eine größere Chance, ihre Individualität auszudrücken. Der Schwächere unterwirft sich, hält mit seinen Widersprüchen und abweichenden Meinungen zurück, wird schließlich verdrossen und manchmal gehässig, während die stärkeren Partner sich in der Beziehung gelangweilt fühlen, da von einem unterdrückten Partner keine interessanten Anstöße und Reaktionen kommen können. Ressentiment und Langeweile sind die wesentlichen Charakteristika einer Durchschnittsehe. Erst, wenn diese Paare bereit sind, sich zu trennen, werden die Differenzen und wechselseitigen Beschuldigungen schließlich ausgedrückt, oft mit viel Vergeltungsdrang und Gewalt.

Die gleichen Schwierigkeiten treffen sogar in einem noch größeren Ausmaß für die Eltern-Kind-Beziehungen zu. Das Embryo ist *de facto* in vollständiger organismischer Konfluenz mit der Mutter. Nach der Geburt atmet das Kind getrennt; aber Atmen ist ein primärer Automatismus, dessen sich das Kind nicht bewußt wird. Für Nahrung und Fürsorge bleibt das Kind konfluent, es erfährt die Mutter und die sorgende Umgebung nicht als getrennt, sondern als Erweiterung seiner selbst. Die Kontaktfunktionen, wie der Umgang mit fester Nahrung, die Orientierung und die Manipulation der Umwelt, entwickeln sich nur langsam mit der Entwicklung der Cortex, dem Erkennen von Menschen und Objekten durch Sehen, Fühlen und Hören, der Muskelkoordination im Umgang mit Gegenständen und der aufrechten Haltung und Bewegung.

Gleichzeitig neigen die *Eltern* dazu, das Kind als eine Erweiterung ihrer selbst zu erfahren, die Mutter, indem sie die ursprüngliche Konfluenz mit dem Embryo und Kleinkind aufrechterhält, beide Eltern, indem sie in das Kind alle ihre unerfüllten Wünsche, Hoffnungen und Ambitionen investieren. Das Kind »gehört« zur Familie, und gehören bedeutet »Besitz sein«, keine eigene Existenz zu haben, sondern innerhalb der gleichen Grenzen eingeschlossen zu werden und natürlich auch durch diese beschützt zu werden, solange sich das Kind anpaßt und angepaßt bleibt. Aber während die Tiere aufhören, ihre Jungen zu füttern, damit sie lernen, ihre eigene Nahrung zu finden, während Vögel ihre Jungen aus dem Nest stoßen, so daß sie fliegen lernen; während australische Ureinwohner ihre heranwachsenden Jungen in die Wildnis schicken, wo sie zeigen müssen, daß sie selbst überleben können, halten wir die Kinder in unserer Kultur immer länger abhängig, weit über das Alter tatsächlicher physischer und geistiger Reife hinaus, und erwarten von ihnen, daß sie konfluent mit Familie, Schule und sozialem Establishment bleiben. Wenn wir erfolgreich sind, erzeugen wir den infantilen Schmarotzer, den gierigen Introjektor, der alles wahllos verschlingt, was ihm in den Hals gestopft wird, und der nicht auf eigenen Füßen stehen kann. Wenn uns das mißlingt, erhalten wir als Reaktionsbildung, den trotzigen Balg, der »nein« zu allem sagt, der unterernährt bleibt und immer entfremdeter und isolierter wird. Aber Konformität und Trotz sind nur zwei Seiten ein und derselben Medaille: Abhängigkeit. Wahre Unabhängigkeit ist nur durch die Erfahrung des Getrennt-Seins *und* der Fähigkeit, Kontakt mit dem, was verschieden ist, aufzunehmen. Konfluenz (innerhalb der *gleichen* Grenzen) oder Isolation (jenseits der Grenzen) sind kein Kontakt, der *an* der Grenze geschieht.

Wir sprechen davon, daß wir in Kontakt sind oder bleiben, daß wir unbeständigen oder gleichgültigen Kontakt haben oder daß wir außer Kontakt sind. Nun ist Kontakt aber nichts, was man *hat*, und man kann auch nicht *in* oder *außer* Kontakt sein. Wenn wir zu lange in Berührung bleiben, geraten wir in die Konfluenz; wenn wir uns zu weit zurückziehen, geraten wir in die Isolation. Kontakt ist nicht ein Zustand, sondern eine Aktivität mit einem bestimmten Rhythmus des Berührens und Loslassens. Wir *nehmen* Kontakt auf, indem wir den anderen anerkennen und mit ihm umgehen und erfahren uns selbst dabei. Es ist ein ständiges Hin- und Herschwingen zwischen *mir* und dem *anderen*, und weder die englische, deutsche und noch irgendeine indoeuropäische Sprache hat ein angemessenes Wort, um dies zu beschreiben, außer das Altgriechische: *aisthesthai* — wahrnehmen — ist ein mittlerer Modus; grammatisch ist es passiv, aber es wird als aktives Verb verwendet. Und natürlich erfordert die volle Bewußtheit die Zusammenarbeit aller sensorischen und motorischen Funktionen.

Kontakt kann nur in dem Maß gut und kreativ sein, wie genügende und angemessene Stütze dafür vorhanden ist. Jedes Fehlen wesentlicher Stütze wird als Angst erfahren. *Stützung* ist alles das, was die kontinuierliche Assimilation und Integration für eine Person, eine Beziehung oder eine Gesellschaft erleichtert: die primäre Physiologie (wie Atmen und Verdauen), die aufrechte Haltung und die Koordination der Bewegungen, die Sensibilität und Beweglichkeit, die Sprache, die Gewohnheiten und Sitten, soziale Verhaltensweisen und Beziehungen und alles andere, was wir in unserem Leben gelernt und erfahren haben. Kurz gesagt: all das, was wir gewöhnlich für selbstverständlich halten und worauf wir uns verlassen, sogar, oder in besonderer Weise, unsere neurotischen Störungen und Widerstände, unsere fixen Ideen, Ideale und Verhaltensmuster, die zur zweiten Natur geworden sind, und zwar genau deshalb, weil sie zur Zeit ihrer Entstehung unterstützend waren. Wenn diese ihren Nutzen überlebt haben, werden sie in dem kontinuierlichen Lebensprozeß zu Blockierungen. Wir bleiben stecken, gebunden, landen in einer Sackgasse. In der Gestalttherapie entautomatisieren wir diese sekundären Automatismen, indem wir bei diesem anscheinend unlöslichen Konflikt verbleiben und jedes verfügbare Detail erforschen: die Muskelverspannungen, die daraus resultierenden Desensibilisierungen, die Rationalisierungen, die Investitionen in den *status quo*, die Introjektionen und Projektionen usw. usf. Mit zunehmender Bewußtheit und damit einhergehender Einsicht, mit wiedererwachter Sinneswahrnehmung und Beweglichkeit werden *Alternativen* verfügbar, und Veränderung wird möglich. Die *Sackgasse* wird zu einem *gegenwärtigen Problem*, mit dem wir umgehen und für das wir hier und jetzt Verantwortung übernehmen können. Die Art und Weise, wie wir das Kontinuum der Bewußtheit erleichtern und die Stützfunktionen entwickeln, hängt davon ab, welche Stütze wir selbst haben, und von unserer Bewußtheit dessen, was unserem Klienten zur Verfügung steht und welche Art von Stütze ihm fehlt.

Wie ich vorher sagte, entwickelt jeder Gestalttherapeut seinen eigenen Stil: Ich — mit meinen Kenntnissen und Erfahrungen in Musik, Eurythmie, *Modern Dance*, östlichen Körperansätzen sowie östlichem und westlichem Existentialismus, meiner Vertrautheit mit verschiedenen Sprachen und ihrer Literatur — arbeite viel mit Körperbewußtheit, mit Atmung, Haltung, Koordination, Kontinuität und Flüssigkeit der Bewegung, mit Gesichtsausdruck, Gestik, Stimme. Ich arbeite mit Sprachmustern und dem besonderen idiosynkratischen Gebrauch der Sprache. Ich arbeite mit Träumen und Phantasien, um die Identifikation mit entfremdeten und unentwickelten Teilen der Persönlichkeit zu erleichtern. Ich zitiere die Bibel oder Goethe oder erzähle eine Zen-Geschichte oder einen Witz, wenn dies eine dunkle Ecke in der Bewußtheit des Patienten erhellen kann. Mit einem Musiker arbeite ich an seinem Instrument und mit einem Schriftsteller an seinem Manuskript.

Es gibt noch viel mehr interessante und bedeutungsvolle Aspekte der Gestalttherapie. Hier und jetzt will ich mich auf die Konzepte und Erfahrungen des Kontinuums der Bewußtheit, der Kontaktgrenze und der Stütze beschränken, die — für mich zumindest — eine zusammenhängende, sehr bedeutungsvolle, starke Gestalt, das Wesen der Gestalttherapie selbst bilden.

XI

Begriffe und Fehlbegriffe der Gestalt-Therapie

In Goethes Faust sagt Mephistopheles zu dem lernbegierigen Schüler: »Denn eben wo Begriffe fehlen, da stellt ein Wort zur rechten Zeit sich ein.«

Der Teufel hat seine Hand im Spiel bei jedem menschlichen Bestreben, nicht nur in der Theologie und Philosophie. Ich sehe ihn bei der Arbeit in Politik und Erziehung, in Wissenschaft und Kunst und ganz besonders in unserem eigenen Gebiet, der Lehre und Ausübung der Psychotherapie, geschäftig in der Anwendung nicht nur in Worten, sondern fertigen Formeln, Techniken und Kunststückchen, — ein ganzer Sack voll von Tricks für jeden Bedürftigen, Unwissenden, Gläubigen und Zahlbereiten.

Der Teufel ist Meister des Kurzschlusses, angebend, verführerisch und verlogen, viel-versprechend, schmeichelnd und unablässig herrrschsüchtig. Seine Werkzeuge sind: Vereinfachung, Sinnverdrehung und Manipulation.

Lassen Sie uns nun vom Mythos zu Tatsachen übergehen. Auf einer Sitzung des New Yorker Instituts für Gestalt Therapie stellte ich die Frage: »Was ist Gestalt Therapie?« Unser Vizepräsident *Richard Kitzler,* der gerne den Teufelsadvokaten spielt, murmelte: »Der heiße Sitz und der leere Stuhl«. Natürlich war das, wie bei Mephisto, eine *ironische* Randbemerkung. Doch der naive und ungeduldige Student nimmt es für bare Münze; er hält immer den Teil für das Ganze.

Den Stil, den *Fritz Perls* während seiner letzten Lebensjahre in Workshops für berufstätige Therapeuten entwickelt hat, ist sehr weit bekannt geworden durch Filme und Tonbänder und durch »Gestalt Therapy Verbatim«[1], die wörtliche Transkription dieser Tonbänder. Die Dramatisierung von Träumen und Phantasien ist eine sehr geeignete und schöne *Demonstrationsmethode,* besonders in Workshops mit berufstätigen Psychotherapeuten, die ihre eigene Erfahrung in der Arbeit mit Menschen gesammelt haben. Aber dies ist nur *eine* von den unendlich vielen Möglichkeiten in der Gestalt Therapie. Sie ist nicht nützlich in der Arbeit mit stark gestörten Patienten und völlig unbrauchbar mit dem Schizophrenen oder Paranoiker. *Fritz Perls* wußte dies sehr genau und überging einfach Workshop-Teilnehmer, bei denen er schizoide oder paranoide Störung vermutete.

Unglücklicherweise ist diese Demonstrationsmethode weit verbreitet worden, und zwar als das eigentliche Wesen der Gestalttherapie. Sie wird von einer stetig wachsenden Anzahl von Therapeuten auf jeden Fall, mit dem sie in ihrer Praxis zu tun haben, angewendet. Auf diese Weise wird die Gestalttherapie reduziert zu einer nur *technischen* Modalität, die wegen ihrer offensichtlichen Begrenzungen dann mit anderen technischen Modalitäten, die zufällig in der psychotherapeutischen Vorratskammer erhältlich sind, kombiniert wird. So haben wir Sensitivity Training *und* Gestalt, Körperwahrnehmung *und* Gestalt, Bioenergetik *und* Gestalt, Kunst- und Tanztherapie *und* Gestalt, Transaktionale Analyse *und* Gestalt und alles mögliche *und* Gestalt ad infinitum.

Alle diese Kombinationen zeigen, daß die Grundbegriffe der Gestalttherapie entweder mißverstanden werden oder überhaupt nicht bekannt sind. Gestalttherapie ist weder eine spezielle Technik noch eine Ansammlung von bestimmten Techniken. Sie ist also keine Encounter- oder Konfrontationsmethode mit strukturierten Folgen von

---

1 Real People Press, Lafayette 1969; dt. *Frederick S. Perls,* Gestalt-Therapie in Aktion, Ernst Klett Verlag, Stuttgart 1976.

Anweisungen, Vorschriften und Forderungen. Sie ist auch keine dramatische Ausdrucksmethode, die vor allem auf die *Entladung* von Spannung abgezielt ist. Spannung ist Energie, und Energie ist ein zu kostbarer Stoff, um ihn einfach loszuwerden. Energie muß verfügbar werden für die nötigen und wünschenswerten Verhaltensänderungen. Es ist die Aufgabe der Therapie, ausreichende Stützung für die Umorganisation und Umkanalisierung der Energie zu entwickeln.

Die *Grundbegriffe* der Gestalttherapie sind eher philosophisch und ästhetisch als technisch. Gestalttherapie ist eine existenziell-phänomenologische Methode und als solche erfahrungsgegründet und experimentell. Die Betonung des Hier und Jetzt heißt nicht, daß — wie so oft angenommen wird — Vergangenheit und Zukunft für die Gestalttherapie keine Bedeutung haben. Im Gegenteil, die Vergangenheit ist immer gegenwärtig in der Ganzheit unserer Lebenserfahrung, in unseren Erinnerungen, im Bedauern und Ressentiment, und vor allem in unseren Gewohnheiten und unvollendeten Handlungen, den fixierten Gestalten. Die Zukunft ist gegenwärtig in unseren Vorbereitungen und Anfängen, in Erwartung und Hoffnung oder Furcht und Verzweiflung.

Warum nennen wir unsere Methode »Gestalttherapie«? »Gestalt« ist ein Ganzheitsbegriff; eine Gestalt ist eine strukturelle Einheit, d. h. sie ist verschieden von und mehr als die Summe ihrer Teile. Sie ist die Figur im Vordergrund, die sich vom Hintergrund abhebt, sie »existiert«. Der Begriff »Gestalt« kam in den psychologischen Wortschatz durch das Werk *Wolfgang Köhlers,* der Prinzipien aus der Feldtheorie auf Wahrnehmungsprobleme anwendete. Die Gestalt*psychologie* wurde weiterhin entwickelt durch *Max Wertheimer, Gelb* und *Goldstein, Koffka* und *Lewin* und ihre Kollegen und Studenten. Für die Entwicklung der Gestalt*therapie* ist das Werk von *Wertheimer, Goldstein* und *Lewin* von besonderer Bedeutung. Wer die Gestalttherapie theoretisch verstehen will, sollte sich vertraut machen mit den Arbeiten *Wertheimers* über das produktive Denken, *Lewins* über die unvollendete Gestalt und die wesentliche Bedeutung des Interesses für Gestaltformierung und *Kurt Goldsteins* über den Organismus als unteilbare Ganzheit.

Goldsteins organismische Theorie verbindet sich in der Gestalttherapie mit *Wilhelm Reichs* Theorie der organismischen Selbstregulierung zum Postulat der Wahrnehmungskontinuität, der sich frei entwickelnden Gestaltbildung, in welcher der Gegenstand des größten Interesses und der größten Bedeutung für das Fortleben und die Entfaltung des individuellen oder sozialen Organismus Figur wird, in den Vordergrund tritt, wo er voll erfahren und verantwortlich verarbeitet werden kann.

Doch *Reichs* wesentlichster Beitrag zur Entwicklung der Gestalttherapie ist seine Erkenntnis der Identität von Muskelspannung (Verkrampfung) und Charakterbildung. Der Charakterpanzer, dessen Epitom der Zwangscharakter ist, ist eine fixierte Gestalt, die zum Block wird in der fortlaufenden Gestaltenentwicklung. Die praktische Ausnutzung der Körperwahrnehmung wurde ein wesentlicher Aspekt der Gestalttherapie jedoch nicht durch *Reich,* sondern durch meine lebenslange Erfahrung, in Eurythmie und modernem Tanz, mein frühes Studium des Werkes von *Ludwig Klages* »Ausdrucksbewegung und Gestaltungskraft« und meine Bekanntschaft mit Alexander- und Feldenkraismethoden lange vor der Entwicklung von Bioenergetik und anderen Körpertherapien. Beachtung der Atmung, Haltung, Koordination, Stimme, Sensitivität und Beweglichkeit wurde Teil meines therapeutischen Stils schon in den 30er Jahren, als wir uns noch Psychoanalytiker nannten.

Der allmähliche Übergang von der psychoanalytischen zur Gestaltorientierung ist dokumentiert in *Fritz Perls'* »Ego, Hunger and Aggression«, veröffentlicht erstmals 1942[2]. Ich trug dazu zwei Kapitel bei, die vornehmlich Gestalt-orientiert sind: »The Dummy Complex«, die Ersatzbefriedigungen, die fixierten Gestalten, die der freien Entwicklung im Wege stehen, und »The Meaning of Insomnia«, die Bedeutung der Schlaflosigkeit, der unvollendeten Gestalt, der ungelö-

---

2 Deutsch: *Frederick S. Perls,* Das Ich, der Hunger und die Aggression. Die Anfänge der Gestalt-Therapie, Klett-Verlag, Stuttgart 1978.

sten Situation, die uns nicht schlafen läßt. In »Ego, Hunger and Aggression« begannen wir den Übergang von der historisch-archäologischen Betrachtungsweise *Freuds* zur existentiell-experimentellen, von der »isoliert stückhaften Betrachtungsweise« *(Ternus)* der Assoziationspsychologie zur Ganzheitsbetrachtung, vom rein Sprachlichen zum Organismischen, von der Interpretierung von Erinnerungen und Träumen zur direkten Wahrnehmung des Hier und Jetzt, von der Übertragung zum wirklichen Kontakt, von dem Begriff des Ichs als einer Substanz, die Grenzen *hat,* zu dem Begriff des Ichs als *Grenzphänomen* selbst, die eigentliche *Kontaktfuktion* der Identifizierung und Verfremdung. Diese damals noch vorläufigen, verwirrten und verwirrenden Begriffe entwickelten sich in den nächsten zehn Jahren zu einer besser organisierten, zusammenhängenden Theorie, die 1950 als »Gestalt-Therapy: Excitement and Growth in the Human Personality«[3] von *Fritz Perls, Paul Goodman* und *Ralph Hefferline* veröffentlicht wurde (Julian Press; Delta Books). Dies ist das grundlegende Werk, das ich für ein volles Verständnis der Gestalttherapie für unentbehrlich halte.

Ich möchte nun riskieren zu wiederholen, was viele von Ihnen schon gehört oder gelesen haben, was aber im allgemeinen noch immer nicht recht verstanden wird. Ich will mich auf ein paar Begriffe beschränken, die miteinander verbunden sind und — für mich — das Wesen der Theorie *und* Praxis der Gestalttherapie ausmachen: die Begriffe der *Grenze*, des *Kontaktes* und der *Stütze.*

Kontakt ist die Wahrnehmung und Verarbeitung des *anderen,* des Verschiedenen, des Neuen, des Fremden. Er ist *kein Zustand,* in dem man sich befindet oder nicht befindet (das würde mehr den Zuständen der Konfluenz oder Isolierung entsprechen), sondern eine *Tätigkeit.* Ich *mache* Kontakt, ich nehme Kontakt auf an der Grenze zwischen mir und dem anderen. Die Grenze ist gleichzeitig der Ort der Berührung und der Trennung. Sie ist die Zone der Erregung, des Interesses,

[3] Deutsch: 1979 im Klett-Verlag, Stuttgart.

der Besorgtheit, der Neugier, oder der Furcht und Feindseligkeit, — der Ort, wo vormals nicht wahrgenommenes oder undeutliches Erleben in den Vordergrund tritt als prägnante Gestalt. Die frei-fließende Gestaltbildung ist identisch mit dem Wachstumsprozeß, der schöpferischen Entwicklung von Person und Beziehung. Wenn dieses Kontinuum von außen unterbrochen wird oder von innen blockiert ist durch die fixierten Gestalten der starren Charakterbildung oder Zwangsgedanken und -handlungen, dann kann keine neue starke Gestalt in den Vordergrund treten. Das Grenzerlebnis wird verwischt oder sogar ausgelöscht durch die fixierten und unvollkommenen Gestalten. Erregung verwandelt sich in Angst und Schrecken oder Indifferenz und Langeweile. Die Unterscheidungs-und Urteilsfähigkeiten werden entfremdet und projiziert; Verhaltensweisen, Ideen und Prinzipien anderer Leute werden angeeignet und introjiziert; Energie, die für direkte und schöpferische Aktivität verfügbar sein sollte, wird in unproduktiven Ersatzhandlungen verschwendet (Deflektion) oder retroflektiert in Selbstkontrolle, Selbstvorwürfe, Selbstbedauern und Selbstzerstörung. (Für eine ausführliche Phänomenologie der Introjektion, Projektion, Deflektion und Retroflektion empfehle ich *Erving* und *Miriam Polsters* Buch »Gestalt Therapy Integrated«, Viking Press.[4]

Wie verarbeiten wir als Gestalttherapeuten dieses Pandämonium neurotischer und psychotischer Pathologie, mit dem wir es jeden Tag zu tun haben? Unser Ziel ist die Wahrnehmungskontinuität, die frei-fließend sich entwickelnde Gestaltbildung, die nur vor sich gehen kann, wenn Erregung und Interesse erhalten bleiben. Kontakt ist belangvoll und schöpferisch nur, soweit Stützung für ihn vorhanden ist. Unter »Stützung« *(Support)* verstehe ich nur zum geringsten Anteil die Fürsorge und Ermutigung, die durch meine Gegenwart und mein Interesse gewährleistet ist, sondern die Stützen, auf die der Patient (oder auch der Therapeut!) sich in sich selbst verlassen kann oder die ihm fehlen. Stütze beginnt mit der primären Physiologie wie Atmung,

---

4 Deutsch: *Erving und Miriam Polster,* Gestalttherapie. Theorie und Praxis der integrativen Gestalttherapie, Kindler Verlag, München 1975.

Blutkreislauf und Verdauung, schreitet fort mit der Entwicklung der Hirnrinde, dem Einschließen der Zähne, mit Sensitivität und Beweglichkeit, aufrechter Haltung, Sprache und Sprachgebrauch, Gewohnheiten und Sitten und sogar und ganz besonders den Hemmungen und Blocks, die ursprünglich als Stützfunktion gebildet wurden.

Jede Erfahrung, alles Gelernte, das *voll assimiliert und integriert* ist, wird zum organismischen Hintergrund, welcher der jeweiligen Gestaltbildung im Vordergrund Bedeutung und der Erregung des Grenzerlebnisses Stütze verleiht. Was nicht voll assimiliert ist, geht entweder wieder verloren oder bleibt als Introjekt ein Hindernis in der Entwicklungskontinuität.

Die integrierte Persönlichkeit hat »Stil«, eine einheitliche Art des Ausdrucks und der Mitteilung. Sie ist nicht notwendigerweise, was man »angepaßt« nennen könnte oder »sozial nützlich und wünschenswert«, nicht einmal »gesund«. Man mag sie »exzentrisch« oder »verantwortungslos« nennen, »verschroben«, »verrückt« oder »kriminell«; sie ist vielleicht ein Anarchist, ein Künstler, ein Homosexueller, ein Landstreicher. Doch die Person mit Stil kommt nicht zur Psychotherapie, wenigstens nicht freiwillig. Die Menschen, die Psychotherapie brauchen und wollen, sind steckengeblieben in ihrer Angst, ihrer Unzufriedenheit, ihren schiefgegangenen persönlichen Beziehungen, ihrem Unglücksgefühl. Ihnen fehlt die Selbststützung für den Kontakt, der in ihrer Lebenssituation nötig oder wünschenswert wäre.

Der Mangel an *wesentlicher* Stützung wird als *Angst* erlebt. Allgemein wird Angst einer Einengung der Atmung gleichgesetzt; aber die Reduktion oder gar Suspendierung der Atmung und damit auch die Reduktion der Erregung und des Interesses ist manchmal schon eine Reaktionsbildung auf eine möglicherweise gefährliche Situation (Totstellreflex) oder auf die Forderung der Selbstkontrolle. Es gibt eine ganze Reihe von Fehlkoordinationen der Stütz- und Kontaktfunktionen, angefangen mit der gelegentlichen Unsicherheit, Ungeschick und Verlegenheit bis zur chronischen Angst und Panik. Wir haben hier nicht genug Raum, uns mit der gesamten Phänomenologie dieser Fehlkoordinationen zu befassen. Ich möchte nur einen Punkt betonen: Ungeschick und Verlegenheit sind möglicherweise produktive Zustände, zeitweiser Gleichgewichtsmangel, den wir am Wachstumsrande erfahren, wenn wir mit einem Fuß auf bekanntem, mit dem anderen Fuß auf unbekanntem Grunde stehen: das Grenzerlebnis par excellence. Haben wir genügend Beweglichkeit und gestatten wir uns das Schwanken, dann können wir die Erregung aushalten, die Ungeschicklichkeit ignorieren und sogar vergessen, wir bekommen neuen Grund unter die Füße und damit mehr Stützung. Wir sehen dieses graziöse Ungeschick bei jedem Kleinkind, bevor es sozialisiert wird und angehalten, sich zu »benehmen« (»Sitz still, Rühr' das nicht an! Nimm Dich zusammen! Reg' Dich nicht auf! Immer mit der Ruhe!«). Ich weiß aus eigener Erfahrung, wie schwer es ist, sich von diesen Introjekten zu befreien, mit denen man die längste Zeit seines Lebens belastet war. Dieser Tage erlebe ich mich fast ständig als ein wenig aus dem Gleichgewicht, ein bißchen ungeschickt. Gerade hier und jetzt bin ich etwas verlegen, weiß nicht genau, mit wem ich eigentlich spreche, und so rede ich *zu* Ihnen anstatt *mit* Ihnen. Aber ich weiß auch, daß ich es überstehen werde. Ich habe gelernt, *mit Unsicherheit ohne Angst* zu leben.

Wie wir die Entwicklung von elastischeren Stützfunktionen bei unseren *Patienten* fördern, hängt davon ab, worauf wir uns als Stütze in uns selbst verlassen können und was wir als Stütze in unseren Klienten vorfinden. Ein guter Therapeut verläßt sich nicht auf Kunstgriffe, sondern auf sich selbst; er benützt seine Kenntnisse, Geschicklichkeit und totale Lebenserfahrung, die in seiner eigenen Person integriet sind, und seine Wahrnehmung der jeweiligen Situation. Daher spreche ich lieber von Stilarten der Therapie als von Techniken. Fast jede technische Modalität ist innerhalb des Rahmens der Gestalttherapie anwendbar, solange sie daseins- und erfahrungsgemäß ist. Nur wenn dem Patienten die Wahrnehmung seines eigenen Verhaltens zugänglich ist oder in der therapeutischen Situation vermittelt werden kann, kann man mit Erweiterungen und Alternativen experimentieren. Deswegen fangen wir an der Oberfläche an, mit dem, was der Wahrnehmung des Therapeuten sowohl als auch des Klienten unmittelbar zur

Verfügung steht, und von dort gehen wir weiter in kleinen Schritten, die unmittelbar erfahrbar und deshalb leichter assimilierbar sind. Dies ist ein oftmals langwieriger Prozeß, der mißverstanden wird von Leuten, die auf Sensation und magische Ergebnisse aus sind. Aber Wundertaten sind nicht nur Resultat der Intuition, sie verwirklichen sich zur rechten Zeit (der Erlöser erscheint ἐν καιρῷ), d. h. dann, wenn die fixierten Gestalten (Projektion, Introjektion usw.) aufgelöst und assimiliert sind und der bereicherte Grund Stützung bietet für neue Erlebnisse und Einsichten. Mir sind die »Wundertäter« verdächtig; ich habe genug von den »plötzlichen Durchbrüchen«, die so oft eine negative therapeutische Reaktion erzeugen, einen Rückfall oder einen psychotischen Schub. Diese Kunststückchen beweisen einen Mangel an Respekt für die existentielle Notlage des Patienten, ein Ignorieren seines akuten Zustandes und ein schnelles Manövrieren dahin, wo er nach unserem Gutdünken sein sollte. Es trägt nicht bei zur Entfaltung seiner Wahrnehmung, noch fördert es die Weiterentwicklung des Therapeuten.

XII

Commitment[1]

Nach meiner lebenslangen Beschäftigung mit Gestalttherapie und ihrer Theorie, nach tausenden von Sitzungen und Workshops mit Klienten und Trainees und Dutzenden von Interviews über die Geschichte der Gestalttherapie und meinen Teil in ihr — nachdem ich vierzig Jahre lang mit Fritz Perls verheiratet war, mit und ohne ihn gelebt und gearbeitet habe, nachdem ich die meisten meiner alten Freunde und die Familie und fast alle Mitbegründer des New Yorker Gestalt-Institutes überlebt habe — bin ich ein etwas müder und unwilliger Redner. Deshalb werde ich Sie (und mich!) nicht mit noch einer historischen und theoretischen Auseinandersetzung langweilen. Statt dessen werde ich Ihnen eine Geschichte erzählen, eine Geschichte, die mich fasziniert begleitet hat und bei mir geblieben ist, seit ich sie zuerst in einem japanischen Film, genannt »Die Frau in den Dünen«, gesehen habe. Ich habe ihn mehrmals gesehen; er hat mich jedesmal wieder bewegt und bezaubert.

Dies ist die Geschichte:

Ein Mann, der den ganzen Tag lang am Strand Insekten und Käfer sammelte und klassifizierte, hat den letzten Bus zur Stadt zurück verpaßt. Er sucht nach einem Ort zum Übernachten und wandert oben auf den Klippen umher, bis er tief unten in den Dünen ein Licht sieht.

[1] Da der Begriff schwer in die deutsche Sprache zu übersetzen ist, wird der amerikanische Ausdruck beibehalten. Commitment heißt so viel wie sich einlassen, Verpflichtungen eingehen, hingebende Festlegung.

Von der Klippe hängen Strickleitern herunter, und er klettert zu dem Haus hinunter, wo er eine unscheinbar aussehende, einsame Frau vorfindet, die ihn für die Nacht aufnimmt.

Als er am Morgen aufwacht, entdeckt er, daß die Leitern von den Dorfbewohnern, die oben auf der Klippe tanzen und spotten, hochgezogen wurden, und er erkennt, daß er in einer Falle ist. Seine nutzlosen Versuche, einen Ausweg zu finden, machen ihn wütend und verzweifelt. Aber allmählich wird er sich dessen bewußt, was verfügbar ist und was innerhalb dieser begrenzten Situation möglich sein kann. Seine wachsende Zuneigung zu der Frau führt dazu, daß sie schwanger wird und sein Bedürfnis nach Aktivität und seine wissenschaftliche Neugier resultiert in der Erfindung eines Gerätes, um Wasser aus dem nächtlichen Nebel und dem Tau aufzufangen. Als die Zeit für die Niederkunft der Frau naht, lassen die Dorfbewohner die Leitern herunter und tragen sie zur Hebamme. Sie lassen die Leitern hängen und unser Wissenschaftler könnte, wenn er wollte, herauskommen. Aber er zieht es vor zu bleiben.

Nun, warum erzähle ich ihnen diese Geschichte und wovon handelt sie? Ich sehe sie als eine Parabel über *Commitment (commitment).* Denn, was immer innerhalb der Begrenztheit einer Situation geschehen mag — nicht nur in Ehe und Familie, sondern in jeder Situation in der Sie Verantwortung übernommen haben, einer Profession, einer Kunst, einer Berufung — wenn Sie sich wirklich eingelassen haben, gibt es keinen Ausweg. Solange unser Mann in der Geschichte die Begrenzungen der Situation nicht akzeptieren kann, fühlt er sich gefangen. Als er seine Begrenzungen akzeptiert, werden die Möglichkeiten innerhalb der Grenzen Wirklichkeiten: Die Wüste wird fruchtbar, die Frau wird Mutter. Das öffnet die Falle, die Grenzen weiten sich. Indem er sich erneut auf die etwas veränderte aber immer noch sehr begrenzte und schwierige Situation einläßt, übernimmt der Mann Verantwortung für die *Konsequenzen* seiner eigenen kreativen Aktivitäten. Er selbst hat die Falle seiner eigenen persönlichen Begrenztheit geöffnet, die konditionierten Gewohnheiten, Haltungen und Vorurteile, die fixierten Gestalten seines früheren Lebens. Indem er das, »was ist«, akzeptiert und sich damit befaßt, transformiert und transzendiert er die Situation un derreicht wahre Freiheit.

In meinem eigenen Leben hatte ich viele Erfahrungen, in denen ich mich gefangen fühlte, voller Groll war und verzweifelt nach einem Ausweg suchte: Ich streikte oder wechselte meine Fächer in meinen Studententagen, ich heiratete und bekam ein Kind, statt meine Dissertation zu beenden und zu promovieren. Aber dann kehrte ich nach Frankfurt zurück und schloß 1932 damit ab, gerade ein paar Monate, bevor wir Deutschland verlassen mußten (nach 50 Jahren hat das Psychologische Institut mein Doktordiplom erneuert).

In Südafrika fühlte ich mich durch die enge provinzielle Atmosphäre, durch die ganz kleine Zahl anregender Leute, die gespannte und bedrohliche politische Situation gefangen. Aber da ich keinen Ausweg sah, wurde ich mir langsam dessen bewußt, daß ich — auch wenn ich innerhalb meines einzigen Zimmers bleiben müßte — Regale voller Bücher, einen Flügel und die ganze klassische Klavierliteratur hatte, die noch nicht einmal in drei Lebensspannen hätte durchgearbeitet werden können. Das änderte mein Leben tiefgreifend. In meiner Praxis begann ich damit, Dialoge von Angesicht zu Angesicht und Körperbewußtheit zu verwenden; ich schrieb Gedichte und Geschichten. Und Fritz und ich begannen an dem zu arbeiten, was dann zu *Ego, Hunger and Aggression* wurde. Es war gerade die soziale und professionelle Isolierung und Beschränkung, die uns zwang, den Fokus unseres Interesses auf unsere eigene Findigkeit zu legen und die unser eigenes kreatives Potential aktivierte, das in den Begrenzungen der Psychoanalyse weitgehend geschlafen hatte.

Als ich anfing, Gedichte zu schreiben, erwartete ich, daß es leichter sein würde, in freien Versen als in strikten Stanzen oder Sonetten oder irgendeiner anderen traditionell geformten Versform zu schreiben. Aber ich fand heraus, daß genau das Gegenteil zutraf. Ohne einen entwickelten Sinn für das Versmass, den Reim und den Rhythmus wird der freie Vers oft geschwätzig und schlaff und nicht viel mehr als zerstückelte Prosa. Wenn ich die Begrenzungen der traditionellen Metrik akzeptiere, kommen bisher unergründete Gedanken, Ideen, Einsichten und Gefühle an die Oberfläche, werden zum Fokus und kondensieren sich in Formen und Bildern, die im Gedächtnis haften — vollständige Gestalten.

Ein letzten Beispiel: Nach der Veröffentlichung von *Gestalt Therapy: Excitement and Growth in the Human Personality,* waren Fritz Perls und Paul Goodman sehr daran interessiert, ein Institut für Gestalttherapie zu eröffnen. Ich wollte nicht beteiligt sein, obwohl ich die meiste Zeit bei den Diskussionen, während derer das Buch geschrieben wurde, dabei war. Aber als vierzig Leute bei Fritz einführenden Vorlesungen und dem Workshop auftauchten, nahm er zwanzig, und ich nahm zwanzig — und ich fühlte mich gefangen, war voller Groll und hatte Angst. Nie zuvor hatte ich mit großen Gruppen gearbeitet, niemals eine Klasse unterrichtet, niemals öffentlich geredet. Ich fühlte mich vollständig unvorbereitet und überfordert. Ich quälte mich herum, wurde krank, versuchte meinen Workshop mit Fritz' Vorlesungen zu koordinieren, was überhaupt nicht funktionierte. Durch Versuch und Irrtum entwickelte ich allmählich meinen eigenen Ansatz, hatte meine eigenen Trainees und Gruppen und arbeitete in New York weiter. Nach fünfunddreißig Jahren bin ich immer noch dort, aber die Grenzen haben sich geweitet — die Leitern hängen herunter, und ich klettere herein und heraus (in letzter Zeit mit einigen mechanischen Schwierigkeiten!).

Commitment fällt am leichtesten, wenn die Begrenzungen durch die aktuellen Umstände aufgezwungen werden. Man wird buchstäblich gezwungen, sich verbindlich festzulegen, zunächst auf die Familie, dann auf die Schule, auf das Studium, die Arbeit, auf ein Krankenhaus, ein Gefängnis, ein Konzentrationslager. Wenn Sie keinen Ausweg nehmen können oder wollen, rettet oder fördert das *Commitment*, was innerhalb der Begrenzungen möglich ist, das Leben, sogar bis in den Tod.

Commitment ist viel schwieriger und für viele Leute ganz unmöglich, wenn eine Wahlmöglichkeit besteht. Dies fand ich besonders bei meinen begabtesten, am vielseitigsten talentierten Klienten (in meinem eigenen Fall auch) — den »Wunderkindern«, denen alles so leicht zufällt, daß sie nicht lernen, sich die Zeit zum ernsthaften Durcharbeiten wirklicher Schwierigkeiten zu nehmen. *Embarrassés de richesse* (erdrückt vom Reichtum) treiben sie unverbindlich von einer Möglichkeit zur anderen, vielversprechend in ihren frühen Jahren, und auf lange Sicht enttäuschend und enttäuscht.

Commitment erfordert Disziplin, und Disziplin bedeutet Begrenzung. In der Gestalttherapie begrenzen wir strukturell die therapeutische Situation, indem wir die gegenwärtige Erfahrung betonen; indem wir Abweichungen oder andere Scheinaktivitäten verhindern oder unterbrechen; indem wir die selbstbehindernden Gewohnheiten, Prinzipien, Haltungen, Muskelverspannungen und Fehlkoordinationen übertreiben, sie als immer noch gegenwärtige Aktivitäten in den Vordergrund bringen, alles *innerhalb* der sicheren, d.h. begrenzten therapeutischen Situation. Nur wenn mehr Stützfunktionen durch die Entautomatisierung fixierter Gestalten verfügbar gemacht worden sind, wird die wahre schöpferische Anpassung möglich. Der in *Commitment* gebundene Therapeut muß seine eigene Ungeduld, seinen eigenen Ehrgeiz und sein Wetteifern sowie seine eigenen Ängste kennen und muß auch in der Lage sein, deren Ausdruck zu kontrollieren.

Freiwilliges *Commitment* erfordert Opfer, die Aufgabe von wertvollen Interessen und Bindungen für die Hingabe an einen größeren Wert. Das ist der schwierigste Aspekt des *Commitments.* Wenn die Leitern heruntergelassen sind, gibt es Wahlmöglichkeiten. Die Versuchungen sind überall, sogar in der Wüste der frei gewählten Hingabe. Immer wieder gibt es Zweifel und Groll, wie ich es an mir selbst erfahren habe. Aber wenn ich mir heute die verschiedenen Generationen von Klienten und Studenten und Mitarbeitern und Freunden anschaue, sehe ich, daß die Wüste blüht, und ich fühle mich reich belohnt.

XIII

Jeder Roman ist eine Falldarstellung

Letztes Jahr veröffentlichte mein Freund Erv Polster ein Buch mit dem Titel *Jedes Menschen Leben ist einen Roman wert*[1]. Heute abend möchte ich diese Aussage auf den Kopf stellen und behaupten: »Jeder Roman ist eine Falldarstellung«, sei es die eines einzelnen Menschen, einer Beziehung, einer Familie oder einer Gesellschaft.

Lange bevor sich die Psychologie — ganz zu schweigen von der Psychotherapie — als wissenschaftliche Disziplin und Methode des Problemlösens etablierte, demonstrierte und verdeutlichte die Literatur menschliche Erfahrungen in all ihren Facetten: Liebe und Haß, Leidenschaft und Gleichgültigkeit, Glück und Leiden, Lernen und Ignoranz, Unschuld und Erfahrenheit, Schuld und Sühne, Krieg und Frieden, Konflikte und ihre Lösungen, Versagen und Erfolg.

Mein eigenes Interesse an der Psychologie begann damit, daß ich jedes Buch verschlang, dessen ich seit des Lesenlernens habhaft werden konnte, angefangen von Kinderreimen und Märchen bis hin zu Geschichten, Romanen, Theaterstücken und Gedichten aus vielen Sprachen und vielen Epochen. Ich erhielt daraus mehr Einsicht und mehr Gedankenreichtum, ein besseres Gefühl für Werte und eine größere Bewußtheit von den Möglichkeiten, sich mit diesen auseinanderzusetzen, als aus der Lektüre psychologischer Handbücher, aus den mei-

[1] Erving Polster: Every Person's Life is Worth a Novel. New York (Norton) 1987. Deutsch: Jedes Menschen Leben ist einen Roman wert. Köln (Edition Humanistische Psychologie) 1987

sten Fachschriften und sogar aus meiner eigenen Psychoanalyse. Durch meine lebenslange Beschäftigung mit Literatur erhielt ich auf viel lebendigere, spontanere und eindringlichere Weise intellektuelle Ordnungssysteme für das, was ich schon erfahren hatte.

Lassen Sie uns mit einem Genre beginnen, das sehr verbreitet ist und den meisten von Ihnen — selbst wenn Sie nicht viel lesen — wahrscheinlich vertraut ist: der Kriminalgeschichte. Sie beginnt immer mit einem Verbrechen, das sowohl die Polizei als auch die anderen Beteiligten verwirrt, während derjenige, der das Verbrechen begangen hat sowie dessen Motive unbekannt sind. Die wirklich gute Kriminalgeschichte verwendet dann eine Methode der Erforschung, die als nützliche Metapher für die Zugehensweise der Gestalttherapie dienen kann (Fritz Perls las immer Kriminalgeschichten!). Mit Hilfe der Fragen: was?, wo?, wann?, wie?, und zu wessen Nutzen? beschreibt sie detailliert die Erinnerung all der Menschen, die zur Zeit des Verbrechens und an dessen Ort damit zu tun hatten und auch deren Verdacht über den möglichen Täter. Jede vorzeitige Interpretation unzureichender Anhaltspunkte führt normalerweise zu weiterer Verwirrung und auf falsche Fährten; auf diese Weise wird man ernsthaft entmutigt, nach dem Warum zu fragen. Wenn alle Details beisammen sind, taucht das Motiv als starke Gestalt auf und damit auch die Person oder die Personen, die das Verbrechen begangen haben, die aber am wenigsten oder überhaupt nicht in Verdacht standen. Wie in guter Therapie führt auch die peinlich genaue Beobachtung und die Beachtung dessen, was normalerweise für selbstverständlich gehalten und daher vernachlässigt wird, zum Wendepunkt (dem Aha-Erlebnis) und letztlich zum Erfolg der Untersuchung.

Wenden wir uns nun den Falldarstellungen von Familien zu. In der Antike werden sie durch die *Orestie* und den *Ödipus* repräsentiert; im Mittelalter durch das Nibelungenlied; in der Renaissance durch Shakespeares *König Lear* und *Romeo und Julia* und schließlich durch zahlreiche Romane des neunzehnten und frühen zwanzigsten Jahrhunderts. Um nur einige zu nennen: *Die Brüder Karamasow, Der Untergang des Hauses Usher, Das Haus der sieben Giebel, Die Forsyte*

Saga und viele andere, die ich zu der einen oder anderen Zeit gelesen habe, an die ich mich jedoch nicht mehr im Detail erinnere. Aber ich erinnere mich noch an die *Buddenbrooks*, die ich mehr als einmal in Deutsch und Englisch gelesen habe. Dieser autobiographische Roman zeigt den Zerfall einer Familie, dessen einzelne Personen sich in ihren verschiedenen Persönlichkeitsentwicklungen auf unterschiedlichen emotionalen Niveaus in unterschiedlichen Interessensrichtungen nicht mehr in die konfluente Form der beinahe aristokratischen oberen Mittelschicht einpassen können. Jedes Mitglied jeder Generation wird sorgfältig in seinem oder ihrem mehr oder weniger narzißtischen Ambiente mit mehr oder weniger Engagement oder Vermeidung und mit mehr oder weniger (gewöhnlich weniger) Erfolg bei ihren selbsttherapeutischen Bemühungen gezeichnet.

Das Schreiben dieses Romans hatte sicherlich einen therapeutischen Effekt für den Autor. Thomas Mann gelang es, sich aus den konservativen Familienbanden in Lübeck zu lösen, und er zog nach München, wo er mehr Möglichkeiten hatte, seine kreativen Talente in einer liberaleren und künstlerischen Atmosphäre zu entfalten.

Thomas Manns nächstes Werk wurde zum Inbegriff des modernen Bildungsromans. Es ist autobiographisch zu verstehen und beschreibt die Erziehung eines eher unscheinbaren jungen Mannes und die beschleunigte Entwicklung seiner Bewußtheit über die sich ständig verändernde Welt um ihn und — damit verbunden — ein wachsendes Selbstwertgefühl und die Fähigkeit zurechtzukommen — von anfänglicher Unbeholfenheit, Unentschlossenheit und Abhängigkeit von anderen (seinem Vetter, seinem Arzt usw.) zu authentischer Anmut und Stärke.

Es gibt natürlich Vorläufer dieser Gattung in der Weltliteratur wie Gottfried Kellers *Der grüne Heinrich*, Goethes *Wilhelm Meister* oder Romain Rollands *Johann Christof*. Aber abgesehen von Joyce' *Jugendbildnis* und *Ulysses* ist es Thomas Manns *Zauberberg*, der immer noch am aufregendsten, am unterhaltsamsten und gleichzeitig intellektuell am anregendsten und stilistisch am überzeugendsten ist. Er ist ein fantastisches Stück Selbsttherapie für den Autor und ebenso für dessen Inkarnation im Protagonisten des Romans, Hans Castorp.

Durch die Orientierung an der tatsächlichen Situation und die Beobachtung von und Begegnung mit wirklichen Menschen demonstriert der Roman in überzeugender Weise die Kraft, die in einem konsequenten, phänomenologisch-existentiellen Ansatz steckt. Ich sehe ihn im Kontrast zu Prousts *Auf der Suche nach der verlorenen Zeit*, der ein Stück Psychoanalyse darstellt, die die Sensibilitäten des Erzählers endlos verfeinert, aber ihn dennoch kränklich im Bett zurückläßt.

Es fasziniert mich, den Roman wie einen Traum des Schriftstellers oder Protagonisten zu lesen und in den verschiedenen Menschen und Ereignissen die unterschiedlichen, nicht verwirklichten Aspekte der Persönlichkeit des Träumers zu erkennen. So gesehen, ist der *Zauberberg*, jenseits des tatsächlichen Sanatoriums in Davos, die therapeutische Situation, innerhalb deren alle Veränderungen und Entwicklungen stattfinden (Thomas Mann selbst war in Psychoanalyse). Da ist der jovial herumpolternde Arzt, dessen scheinbare Selbstsicherheit kaum das ständige Unbehagen verbergen kann, das mit Witzen und Alkohol besänftigt werden muß. Da ist Madame Chauchat, die attraktive, verführerische Frau mit der zugrunde liegenden emotionalen Zurückgezogenheit und vermutlicher Frigidität. Da ist die alte spanische Dame, die ihre beiden Söhne betrauert, die sie durch Tuberkulose verloren hat, mit ihrer ständigen, mürrischen Anklage »tous les deux« (alle beide), die aber nicht gegen deren grausames Schicksal wütet oder wirklich trauert. Und da sind Naphta und Settembrini, der Jesuit und der Hedonist, die ihren endlosen Dialog über Orthodoxie und Anarchie, über Vernunft und Leidenschaft führen. All diese Menschen dienen, abgesehen davon, daß sie nach wirklichen Personen in der Davoser Anstalt gestaltet wurden, als geeignete Projektionsflächen für Castorps eigene ungelöste Konflikte. Dadurch, daß er sie beobachtet und sich ihnen stellt, werden seine Einsichten, sein Verständnis, seine Akzeptanz oder Zurückweisung zu einem fortlaufenden Prozeß der Entwicklung des Selbst, der ihn schließlich in die Lage versetzt, den Zauberberg zu verlassen und sich auf den wirklichen Kampf in der wirklichen Welt einzulassen.

Im Gegensatz zum Bildungsroman stehen die Romane der Desintegration, die in Verzweiflung, Wahnsinn oder Selbstmord enden. Deren Protagonisten sind, zumindest im neunzehnten Jahrhundert, meistens Frauen. Ich denke an Madame Bovary und Anna Karenina, die beide in ähnlich beengten und beengenden, konfluenzfördernden Umständen aufwachsen. Wie die meisten Frauen ihrer Zeit blieben sie unreif, unerfahren und so unschuldig wie Fünfzehnjährige. Sie wurden beide mit soliden, konventionellen, engstirnigen Ehemännern verheiratet. Da sie in ihren trübseligen Ehen unbefriedigt und unglücklich sind, gestatten sie es sich, durch weltlichere, erfahrene und attraktivere Männer verführt zu werden. Beide haben nicht genügend Selbststütze und Selbstachtung, um eine gesunde Affäre ohne weitere Beeinträchtigung zu haben. In dem Maß, in dem sie sich immer noch mit den sozialen und moralischen Prinzipien ihrer Gesellschaft identifizieren, halten sie ihre geheimen Beziehungen aufrecht mit Gefühlen der Erniedrigung und Isolation und mit tiefen Ressentiments gegenüber Ehemann, Liebhaber und Umständen, die Schweigen über all das erzwingen, was ihnen wichtig ist. Die heimlichen Ressentiments, die nicht erwähnt und ausgedrückt werden können, werden retroflektiert und verwandeln sich in Gefühle der Schuld und Wertlosigkeit, aus deren Qual der Tod den einzig möglichen Ausweg darstellt.

Im Gegensatz zu diesen unglücklichen Frauen haben wir Hester Prynne, die Heldin von Hawthornes *Der scharlachrote Buchstabe*. Hester ist ein gesundes Landmädchen aus einem primitiveren, weniger engorganisierten und weniger ehrgeizigen Milieu, die den Mann, der »sie in Schwierigkeiten brachte«, wirklich liebt. Als ihre »Schande« publik wird, aber ihre Selbstachtung intakt bleibt, verrät sie den Vater ihres Kindes nicht, dessen Position als Priester von seinem untadeligen Ruf abhängt. Sie übernimmt die alleinige Verantwortung und trägt den scharlachroten Buchstaben fast wie ein Emblem des Stolzes, und es gelingt ihr, ein ganz akzeptables Leben für sich und ihre Tochter zu gestalten.

Aber ihr Liebhaber, der Pfarrer Dimmesdale, muß mit dem unerträglichen Schuldgefühl leben, nicht nur seine Liebe und sein Kind, sondern auch seinen Beruf verraten zu haben. Als Priester hat er nicht einmal den Ausweg des Selbstmordes, sondern ist zum Leben verdammt und muß für immer die Last des Geheimnisses und des Schweigens tragen.

Um diese verkürzten Falldarstellungen (Zusammenfassungen berühmter Romane) niederzuschreiben, mußte ich nichts besonders nachlesen. Ausgelöst durch die ursprüngliche Idee vom Roman als Falldarstellung tauchten geeignete Beispiele ganz spontan in meiner Erinnerung auf.

Eine Geschichte wird nur in geringem Ausmaß durch ihren tatsächlichen Verlauf wirklich erinnernswert. Dieser wäre nur Information, die abgeheftet und schnell vergessen werden könnte (auf diese Weise werden unglücklicherweise die meisten Falldarstellungen und auch die meisten Romane geschrieben). Eine Geschichte wird erinnernswert durch die Art, wie sie geschrieben ist, den Stil, den Reichtum der Sprache und der Bilder, durch die Metaphern und Paradoxa, durch ihre psychologische Einsicht, ihre intellektuelle Scharfsinnigkeit und die philosophischen Schlußfolgerungen. Beim Lesen eines großen Romans werden unser Intellekt und unsere Imagination herausgefordert. Unsere eigene Sprache wird ausdrucksvoller, unser Schreibstil lesbarer und interessanter. All unsere kommunikativen Fähigkeiten werden verbessert.

In der letzten Woche habe ich begonnen, einen Roman von Italo Calvino zu lesen: *Wenn ein Reisender in einer Winternacht*... Er beginnt mit einer detaillierten Anleitung und Beschreibung, wie man ein Buch lesen soll, und das Buch, das man lesen soll, ist das Buch, das zur gleichen Zeit geschrieben wird! Zu gleicher Zeit Schriftsteller, Leser und Erzähler zu sein, scheint in ganz paradoxer Weise nicht die Gestaltung eines Buches zu stören, sondern die kreativen Kräfte zu entfesseln, denn aus all diesen (ganz amüsanten) Faxen entsteht eine Geschichte, deren Verlauf ich noch nicht kenne, weil ich meine Lektüre unterbrechen mußte, um diesen Text zu schreiben, der tatsächlich das direkte Ergebnis des Beginns der Lektüre von Calvinos Buch ist.

Mein nächstes Leseprojekt wird *Das chasarische Wörterbuch* des jugoslawischen Dichters Milorad Pavic sein, der sagt: »Wir haben uns geirrt. Wir haben immer von talentierten oder begabten Schriftstellern gesprochen; wir sollten von begabten oder talentierten Lesern sprechen.« Auf diese Weise wird der Leser zu einem aktiven Mitarbeiter, sogar zum wichtigsten Protagonisten des Buches. Ich bin sehr neugierig auf diesen innovativen Ansatz des Lesens, der sich nicht so leicht dafür hergibt, introjiziert zu werden. Dies ist auch bei ernsthaften Romanen nicht der Fall. Sie bieten keine leichten Formeln an, die man auswendig lernen kann, sondern neue Aspekte des Lebens, unterschiedliche Arten zu denken, zu fühlen und zu handeln. Ganz wie man sich Sesamstraße oder Onkel Rogers im Kinderfernsehen ansieht, kann man einen Roman einfach zur Unterhaltung und Entspannung lesen und braucht sich nicht dessen bewußt zu sein, daß man untergründig die ganze Zeit auf eine Art und Weise lernt, die unser Leben verändern kann.

Übrigens: Als ich vor dreißig Jahren zwei Falldarstellungen veröffentlichte[1] (die allerersten Falldarstellungen in der Gestalttherapie), sagte Paul Goodman: »Sie lesen sich wie ein Roman!«

[1] Siehe Kap. VI in diesem Buch.

XIV

Ein Workshop[1]

Laura Perls: Die Wahrnehmung der Realität ist die Bewußtheit dessen, was ist, und was ist, hängt davon ab, was ihr von euch aus in eine Situation einbringt und was zufällig in der Situation verfügbar ist. Es hängt vom Interesse und der Verfügbarkeit ab. Gerade jetzt bin ich mir eines Wechsels meiner Aufmerksamkeit bewußt; und jetzt bin ich mir einer Menge von Gesichtern bewußt, von denen ich ein oder zwei von früher kenne, und all die anderen sind irgendwie fremd, und sie schauen alle mehr oder weniger erwartungsvoll aus. Was erwartet ihr?

Bill: Ich bin sehr glücklich darüber, wieder mit dir zusammen zu sein, Laura, sehr glücklich. Ich fühle Tränen in meine Augen kommen. Es ist eine lange Zeit her, vielleicht zehn Jahre, bevor Fritz von uns ging.

Laura: Du bist dir also mehr deiner Erinnerung bewußt als dessen, was jetzt gerade ist?

Bill: Erinnerung im Hier und Jetzt, Seite an Seite. Die Lernerfahrung, die ich bei dir und Fritz machte, kommen wieder. Schöne Erinnerungen. Ich bin glücklich, wieder hier zu sein, sehr glücklich. Seite an Seite.

Laura: Aber du siehst sehr traurig aus.

[1] Veröffentlichung mit freundlicher Genehmigung von *American Academy of Psychotherapists*

Laura (zur Gruppe): Überlaßt mir nicht alles.

Ann: Du hast so viel Energie.

Laura: Woher weißt du daß?

Ann: Weil ich es sehe.

Laura: Was siehst du?

Ann: Energie geht von dir aus. Du hast ein Funkeln in deinen Augen, einen guten Muskeltonus.

Laura: Ich fühle mich nicht sehr wohl im Augenblick. Wie ich sagte, sehe ich eine Menge neuer Leute, und wo ich und die anderen sich treffen, das ist die Situation *an* der Grenze. Das Grenzkonzept ist wirklich entscheidend in der Gestalttherapie. Dort findet Bewußtheit statt. Dort gibt es Erregung und Interesse, und dort kann es auch Unwohlsein und Verlegenheit geben, Unsicherheit und Ungewißheit; und wenn man diese Unsicherheit nicht aushalten kann, verwandelt sie sich zur Angst. Wenn ihr sie verdeckt, müßt ihr euch entweder zurückziehen, weil ihr zuviel Angst habt, oder ihr versucht sie forsch durchzustehen mit grimmiger Bestimmtheit, und dann macht ihr unsensiblen Kontakt. Kontakt ist *an* der Grenze, und um Kontakt mit wirklich Neuem, unterschiedlichem anderen zu machen, müßt ihr genügend Stützung dafür haben. Und für mich ist das ein weiteres, entscheidendes Konzept. Man spricht immer über Kontakt: Kontakt machen, in Kontakt sein und guten Kontakt haben oder sprunghaften Kontakt oder keinen Kontakt — aber Kontakt kann nur so gut sein, wie es dafür Stütze gibt. Und mit Stütze meine ich nicht nur meine Gegenwart als Gruppenleiter oder als Therapeutin, meine Verfügbarkeit, sondern was der Patient oder der Klient oder der Trainee in die Situation bringt. Stütze ist alles, was man assimiliert und integriert hat. Was nicht wirklich integriert wurde, wirklich zu einem Teil von uns geworden ist, das wird zu einer Blockierung, wird zu einer fixierten Gestalt, die der fortlaufenden Gestaltbildung im Wege steht, und das Ziel jeder guten Therapie ist: Die fortlaufende Gestaltbildung, während der das, was für den Organismus, die Person, die Beziehung oder die Gruppe oder sogar für eine Nation von größtem Interesse ist, in den Vordergrund rückt und Gestalt wird, etwas, das aus allem übrigen herausragt. Im Vordergrund kann man damit umgehen, kann daran arbeiten, so daß man es auf diese oder jene Art loswerden, abschließen kann, so daß der Vordergrund dann für die nächste bedeutsame Gestalt frei wird. Und was wir in Gestalttherapie und jeder guten Therapie tun müssen, ist, uns wirklich auf die fixierte Gestalt zu konzentrieren, auf das Verhalten und die Prinzipicn und Ideen und die meisten Dinge, die wir für selbstverständlich halten. In der Psychoanalyse nennt man das Widerstandsanalyse. Aber es ist nicht genug, den Widerstand zu erklären, zu interpretieren oder ihn als Übertragungsphänomen zu sehen; sondern er ist etwas, was automatisch, zur zweiten Natur geworden ist, und all die sogenannten Widerstände wurden ursprünglich als Stütze für etwas in einer bestimmten Situation erworben, gewöhnlich in einer frühen Situation. Und wenn es zu jener Zeit nützlich war, tendiert es dazu, automatisch zu werden, man verläßt sich darauf, und was automatisch ist, entgeht unserer Bewußtheit: »So bin ich; so war ich immer; ich kann nichts daran ändern.« Und was wir in der Gestalttherapie tun, ist, das fixierte Verhalten, die fixierten Muskelspannungen, die fixierten Ideen, Prinzipien und Ideale zu entautomatisieren.

Was ist jetzt dein Interesse?

Ned: Ich war gerade von deinen Augen gefangen genommen. Mein Interesse war gerade auf deine Augen gerichtet.

Laura: Was siehst du?

Ned: Was mir gerade durch den Sinn ging, war ein Artikel im *New York Times Magazine* über die großen Häuptlinge, und eine Sache, über die geschrieben wurde, war die Qualität ihrer Augen und ihre Klarheit, und das ist es, was mir durch den Sinn ging, als ich dich anschaute.

Laura: Du entfliehst also in eine Art literarischen Vergleichs.

Ned: Kein Fliehen. Ich bin gerade zu der Klarheit zurückgekommen. (Seufzt)

Laura: Was beschäftigt dich so? (Sie macht seinen Seufzer nach)

Ned: Ich bin mir dessen bewußt, daß ich in Kalifornien da unten nicht viel Kontakt mit dir habe, und ich freute mich — interessanterweise — heute hier zu sein.

Laura: Nun bist du dir bewußt, daß du dich vorgestern auf etwas gefreut hast, was sein wird. Und was ist gerade jetzt?

Ned: Ich fühlte einen Anflug von Ärger, wie als wenn du mich interpretierst. Und ich will in Ruhe gelassen werden an meinen ersten Tagen meines Großvater-Seins, über das ich mich freue. Damit bin ich wirklich am meisten im Moment in Kontakt, irgendwie besonders und neu. Auch bewußt, daß ich nicht viel Kontakt mit dir gemacht habe.

Laura: Was machst du jetzt gerade?

Ned: Ich spiele damit.

Laura: Womit?

Ned: Kontakt mit dir.

Laura: Weißt du, wenn du wirklich Kontakt machen willst, sagst du nicht: »Ich mache jetzt Kontakt mit Dir.« Das ist ein technischer Ausdruck, und wenn ich *darüber* rede, kann ich auch darüber reden, Kontakt zu machen; aber ich schaue dich an, ich spreche mit dir, du sprichst mit mir, du denkst an etwas anderes . . . Und jetzt? Mit deiner ganzen Haltung und Positur hast du etwas Herausforderndes. Übertreib' das gerade 'mal.

Ned: Ich versuche sicherlich, größer zu werden.

Laura: Wie fühlt sich das an? Was sagst du jetzt zu mir?

Ned: Wenn du mich herausforderst, fühle ich mich herausgefordert. Ich fühle mich nicht herausgefordert.

Laura: OK, worüber freust du dich jetzt gerade?

Ned: Ich freue mich darüber, daß du versuchst, etwas zu finden, wie du mich erreichen kannst, und ich schätze das wirklich. Ich bin nicht ganz sicher — ein Teil von mir möchte antworten.

Laura: Ein Teil von dir. Einerseits. Und andererseits?

Ned: Ich bin nicht sicher, was ich will.

Laura: Kannst du einen Dialog zwischen den beiden Teilen machen?

Ned: Ich hatte mir vorgenommen, still zu sein. Du läßt mich nicht still sein! Es war wie meine eigene Probe, und deshalb fühle ich mich einerseits ein wenig ertappt.

Laura: Du kamst hierher mit einer Art fixierter Gestalt ...

Ned: Loszulassen. Mich loszulassen. Aber im wesentlichen wollte ich still sein, wie um mehr innerlich zu erfahren. Ich hasse es wirklich, aus mir herauszukommen. Es erregt mich, daß ich in Berührung mit dir kommen will und daß wir uns begegnen. Ich fühle mich irgendwie offen und wirklich angenehm. Jetzt ist es vorbei, ... weil ich ruhig bleiben wollte und du mich nicht in Ruhe gelassen hast. Ich hätte dir sagen können, daß du zum Teufel gehen solltest.

Laura (zur Gruppe): Wenn irgendjemand irgendwelche Beobachtungen macht, die zu dem passen, was vorgeht, bitte, kommt heraus damit.

Eve: Ich weiß nicht, was da vor sich geht, aber mir gefällt es nicht. Ich weiß nicht, was meine Erwartungen waren — irgendeine Art von erfahrungszentrierter Gruppe — aber ich sitze hier und werde wütend über das, was du tust. Aber ich bin nicht sicher, weshalb. Ich weiß nicht, wie lange ich hier sitzen kann. Ich denke darüber nach, ob ich mich langweile oder wütend oder was auch immer werde.

Laura: Du sagst, du bist gelangweilt oder wütend oder beinahe so, und du sagst es mit einer sehr ruhigen Stimme. Mach' das da mit Absicht.

Eve: Du meinst, meine Haltung übertreiben?

Laura: Ja. Ist dies die einzige Bewegung, die du in dieser Position machen kannst?

Eve: Ich kann sogar gar keine Bewegung in dieser Position machen (sie sitzt zusammengenommen). (Lachen)

Laura: Aber du hast dich bewegt, nicht wahr; du hast die Achseln gezuckt, was der Ansatz für eine Bewegung ist, und du gibst dann unmittelbar danach auf. Aus dieser Position heraus ist das Stütze für Rückzug, um dich selbst bei dir selbst zu halten, und du drückst auf dein Zwerchfell; so hat man in dieser Position wirklich nicht genug Stützung für Kontaktaufnahme. Stützung beginnt — von der primären Physiologie des Kreislaufs und Atmens und der Verdauung einmal abgesehen — bei der Haltung und Beweglichkeit. Ich würde gerne einmal sehen, wie du gehst und stehst. (Eve geht) Kann jemand nachmachen, wie sie geht? OK, beschreib' es selbst.

Eve: Ich versuche, anders zu gehen, als ich glaube, daß ich normalerweise gehe, indem ich meine Brust hochhalte und mich um meine Haltung nicht so sehr kümmere. Aber ich wollte lernen, besser zu gehen.

Laura: Was man eigentlich tut, wenn man geht, ist, daß man seinen ganzen Körper von einem Ort zum anderen bewegt. Und der Schwerpunkt ist im Becken, und das muß vorwärts gehen, und die Beine fangen uns wirklich nur auf. Wenn du mit steifen Knien anfängst, dann gehst du mehr oder weniger so und alles bleibt hinten, siehst du? (macht sie nach) Du machst deine Beine steif, es wirft dein Becken nach hinten, und dann mußt du dich von hierher aus halten, von der Brust und den Schultern her. Die Stützung muß vom unteren Körperteil her kommen, und das gibt dir genügend Raum zu atmen, und das stützt auch deinen Bauch. Wenn das hier (Becken) zu weit zurück ist, dann läßt du deinen Bauch buchstäblich überfließen, wenn du die Bauchmuskeln nicht anspannst. Wenn das Becken darunter ist, dann ist der Bauch unterstützt, du *hast* Mut,[1] und der obere Teil des Körpers bleibt frei für die Orientierung und den Umgang mit der Umwelt.

Eve: Ich habe immer das Gefühl, daß ich auf dieser Seite heruntergezogen werde, wie eine Schwerkraft, obwohl ich dagegen anzukämpfen versuche.

Laura: Komm ein wenig weiter in die Mitte. Ja, das ist ein ganzes Stück höher. Leg' dich auf den Boden, auf den Rücken. Heb' deine Knie ein wenig an (das entspannt deinen Bauch) und löse deinen Kopf und atme gegen meine Hand ein. Siehst du, du ziehst die ganze Luft hier herein (Brustkasten). Tatsächlich wird ja die Bauchatmung aktiver in der liegenden Position, wenn du es nicht verhin-

1 Im Original heißt es »To have guts« und bedeutet im übertragenen Sinne Mut haben.

derst. Du ziehst automatisch und gewohnheitsmäßig alles hier herauf. Atme gegen meine Hand ein und vergrößere das Loch in deinem Rücken, und atme aus, als wenn du gerade hier durch die Mitte des Rückgrats ausatmen würdest. Nicht stoßen, sondern die Luft einfach fließen lassen. Und laß das Rückgrat auf den Boden sinken. Und siehst du, was mit dem Becken geschieht, wenn sich das Rückgrat mehr streckt? Du kannst das auch gegen die Wand oder gegen eine Tür tun, und man muß nicht die ganze Zeit so gerade sein, wie man es ist, wenn man auf dem Boden liegt. Aber worauf ich hinaus will, ist die Mobilität des Rückgrats, so daß du jede Art von Stützung aktivieren kannst, die notwendig ist für alles, was du gerade tust. Roll' dich hoch, mit dem Kopf zuerst ... Streck' deine Beine und roll' von hier wieder herunter. Lehne alles nach vorne und roll' gegen den Boden. Und jetzt anders herum. Tu deine Füße über deinen Kopf. Du kannst das, siehst du. Du bist hier beweglich. Jetzt geh' langsam herunter, ein Wirbel nach dem anderen. Tatsächlich können alle Wirbel separat bewegt werden, außer den letzten drei oder vier, die mit dem Steiß verbunden sind. Du hast noch die Beweglichkeit, so daß du es verhältnismäßig leicht machen kannst. Aber, um eine neue Gewohnheit zu bilden, muß man erst fühlen, was man tatsächlich tut. Und dann kannst du damit experimentieren, etwas anderes zu tun.

Ich hatte das Glück, daß ich im Alter von acht Jahren mit dem modernen Tanz anfing, und später machte ich eine Menge Tanz und Eurythmie und andere deutsche Tanzformen, und wenn man einmal diese Art von Stützung erworben hat, hält die Beweglichkeit das ganze Leben lang an. Ich bin 75, und sie ist noch da. Ich denke, viel von meiner Arbeit könnte ich ohne sie nicht tun. Das ist also eine sehr grundlegende Stütze: das Atmen, die Haltung und die Freiheit von Kopf und Schultern. Nun ... bist du dir dessen bewußt, daß deine linke Schulter viel höher als deine rechte ist?

Eve: Ja.

Laura: Spürst du die Spannung?

Eve: Nein, ich fühle die Schwerkraft auf der anderen Seite, dieser Seite.

Laura: Komm' wieder hoch. (Zu einem anderen Gruppenmitglied): Leg' das weg, es hilft nichts, Notizen zu machen. (Lachen)
Du ziehst und stößt, siehst du ... Laß uns versuchen. Ja, das andere Bein, auf gleiche Weise. Sehr kontrolliert. Mach das mit Absicht. Spürst du, daß du dein Bein ziehst?

Eve: Nicht sehr.

Laura: Und die meiste Zeit hast du deine Augen auf mich gerichtet, und wenn du das tust, habe ich das Gefühl, daß du nach irgendetwas suchst. Ich weiß nicht was — Zustimmung? — nach Zustimmung, daß du es richtig machst?

Eve: Wahrscheinlich.

Laura: Und in dem Maß bist du nicht wirklich dabei und bei der Bewegung, sondern mehr dabei, wie es aussieht oder wie du für mich aussiehst. Wenn ich sage: Du tust dies oder jenes, kritisiere ich dich nicht im Sinne von »richtig« oder »falsch«. Ich nehme es, wie du es tust. Das ist, was im Moment ist, und damit fangen wir an.
Ich würde gerne etwas mehr über Stütze und Kontakt sagen. Man kann nicht in Kontakt oder außer Kontakt sein, sondern Kontakt ist etwas, was man macht, was man tut; und man macht auch all das, was dem Kontaktnehmen im Wege ist; und die Bewußtheit davon ist das, worauf wir uns in der Gestalttherapie konzentrieren, die Bewußtheit davon, *wie* man den freien Fluß der Bewußtheit unterbricht. (zu einem anderen Gruppenmitglied): Du brauchst keine Notizen zu machen. Das steht alles in einem Artikel, den ich in *Voices* 1978 veröffentlicht habe.
(Zu Janice): Du denkst was?

Janice: Im Moment habe ich gerade meinen Fuß gebogen, diesen Fuß, der es müde ist, hochhackige Schuhe zu tragen und im *Central Park* herumzutrotten. Ich beugte meinen Fuß, und es fühlte sich gut an.

Laura: Kannst du mit hohen Absätzen laufen?

Janice: Hmm, das ist eine gute Frage. Ich habe es die meiste Zeit getan in den letzten Tagen. Ob ich kann? Nun, ich hab's getan.

Laura: Lauf' mal mit ihnen und dann laufe ohne sie. Laß uns sehen, was für einen Unterschied das macht... Ja, die Wirbelsäule ist ziemlich hohl.

Janice: Ich habe ein sehr ernstes Problem mit meinem Rücken.

Laura: Sicher.

Janice: Sicher was?

Laura: Wenn es diese habituelle Verspannung gibt, dann hast du Probleme mit deinem Rücken.

Janice: Ich weiß nicht, was zuerst kam. Du hast offensichtlich eine Meinung dazu, was zuerst kam.

Laura: Diese Rückenverspannung, die zur Verspannung des Zwerchfells und einer Reduzierung der Atmung führt, ist die Zentralstelle der Selbstkontrolle.

Janice: Da steck' ich wirklich drin, das stimmt.

Laura: Und so nimmst du deine Energie zurück. Es bedeutet, den freien Raum deines Brustkastens, deiner Lungen nicht zu benutzen.

Janice: Ich glaube, das stimmt wahrscheinlich. Ich glaube, ich habe das eine lange Zeit getan. Es ist jetzt eine festsitzende Gewohnheit.

Laura: Ich habe auch gemerkt, daß du die Luft herausgelassen hast und dann gesprochen hast, als du fast nichts mehr übrig hattest, und dann wird deine Stimme immer leiser.

Janice: Ich bin mir dessen nicht bewußt.

Laura: Mach' es mit Absicht.

Janice: Siehst du, ich kann ohne Luft sprechen. Es ist sehr leise.

Laura: Es ist genau so, wie du eben gesprochen hast.

Janice: Und ich war mir dessen nicht bewußt. Ich kann nicht lange still stehen, mein Rücken fängt an zu schmerzen, und ich muß mich bewegen.

Laura: Da bin ich ziemlich sicher.

Janice: Das überrascht dich nicht.

Laura: Du könntest eine ähnliche Übung auf dem Boden machen.

Janice: Ich glaube nicht, daß ich das in dieser Kleidung machen will.

Laura: Du brauchst das nicht jetzt zu tun, und du wirst keine Ergebnisse erzielen, wenn du es nur einmal tust. Das ist etwas, woran man wirklich arbeiten muß. Du wirst merken, daß es deine Energie erhöht und sie länger aufrechterhalten bleibt, wenn du mehr von dieser Art Stütze hast.

Janice: Sprichst du davon, daß ich das gleiche machen sollte wie sie, auf dem Boden liegend?

Laura: Ja, indem du anfängst, die Mitte deiner Wirbelsäule beweglicher zu machen. Schau, ein Vierfüßler hat es relativ einfach; er steht direkt auf allen Vieren und hat genug Stützung, sich unmittelbar fortzubewegen; aber der Kopf ist fixiert zwischen den Schultern, und da gibt es überhaupt keine Bewegungsfreiheit. Und ein Affe kann auf seinen vorderen Extremitäten gehen und etwas mit seinen Hinterbeinen ergreifen. Nur der Mensch stellt sich schließlich auf seine Hinterbeine und benutzt seinen Unterbau hauptsächlich oder ausschließlich für Stützung und Vorwärtsbewegung und den oberen Körperteil für Orientierung und Manipulation. Und mit besserer Haltung und mehr Beweglichkeit hier und mehr Unterstützung von deinem Becken erhöhst du deine Funktionsweise und auch deine Konzentration. Machst du überhaupt irgend eine körperliche Übung?

Janice: Ich habe gerade bei Ilana Rubenfeld mit Alexander-Technik angefangen. Ich hatte erst eine Sitzung. Ich werde sie an drei Tagen in dieser Woche sehen, und ich mache einige Übungen. Ich gehe zu einem Chiropraktiker. Ich versuche wirklich, gesund zu werden.

Laura: Wenn du irgendeine Art von Tanz oder Gymnastik machen willst, dann nicht Ballett, das betont nur das Nach-außen-Stellen der Füße und das Hochstellen (au point). Du erhebst dich so, aber aus dieser Position heraus kannst du nichts tragen oder irgendetwas anderes tun. Das ist nur um seiner selbst willen, wie Koloratur-Singen: Das kann auch sehr schön sein, aber es ist sehr begrenzt in der Ausdrucksmöglichkeit.

Janice: Wäre Yoga gut dafür?

Laura: Teilweise. Es gibt einige Überdehnungs-Wirkungen, über die ich nicht glücklich bin. Auch Bioenergetik, einige der Übungen. Diese Dinge sind sehr brauchbar im Rahmen von Gestalt, aber ich würde jede starke Manipulation zurückweisen, weil es zu einem

Durchbruch tendiert, dazu, einen Widerstand zu durchstoßen, ohne daß man darauf achtet, daß genügend Stützung da ist, wenn es geschieht. Bei einigen Boderline-Patienten habe ich psychotische Zusammenbrüche nach Bioenergetik gesehen. Deshalb wäre ich sehr vorsichtig. Praktisch ist fast jede technische Modalität bei entsprechender Gelegenheit im Rahmen der Gestalttherapie brauchbar. Gestalttherapie ist wirklich ein philosophisch-ästhetisches Konzept. In Deutschland wird eine Kunstschule »Hochschule für Gestaltung« genannt. Gestalt bedeutet Figur, Form, ein Ganzes, das sich aus dem Hintergrund hervorhebt, und die Beziehung zwischen der Figur und dem Grund ist das, was wir Bedeutung nennen. Die Stütze dafür kommt aus dem, was zu unserem Hintergrund geworden ist, was assimiliert und integriert wurde. Was *nicht* wirklich assimiliert und integriert wurde, d.h. durchgearbeitet wurde, so daß es verschwinden kann wie Nahrung, die, gut gekaut, einfach verschwindet. Wenn du ganze Bissen und Stücke schluckst, belastest du den Magen mit Arbeit, die im Mund getan werden sollte. Und das Eßmuster ist tatsächlich die Orientierung für die Art und Weise, wie man lernt Kontakt mit der Welt im großen und mit dem anderen aufzunehmen. Schau, das Kind ist ursprünglich in Konfluenz mit der Mutter. Der Embryo ist ein Teil der Mutter und fängt allmählich an, sich eigenständig zu entwickeln, erst mit dem Herzschlag und der Bewegung und dann bei der Geburt mit dem Atmen, aber das Füttern stellt die ursprüngliche Konfluenz wieder her. Das Kind ist wirklich nur bewußt, wenn es hungrig ist und sich unwohl fühlt, aber sobald es an die Brust oder die Flasche kommt, ist die Spannung wesentlich reduziert, und es kann wieder einschlafen, und es kann sogar im Schlafen weiter Nahrung zu sich nehmen.

Das Kind fängt an, Kontakt mit dem anderen aufzunehmen, wenn die Zähne wachsen und der Gaumen hart wird und wenn die Hände berühren und es bewußt ist, daß es das andere berührt. Und dann hängt es von den Ernährungsmethoden ab, die verwendet werden, ob das Kind eine Methode entwickelt, sich wirklich Zeit zu nehmen bei dem, was es tut, was es bekommt und es durchkaut, oder ob es schnell und viel zu lange mit Babynahrung, die breiig ist, vollgestopft wird und schluckt. Unglücklicherweise werden wir in der Schule in ähnlicher Weise gelehrt. Alles ist irgendwie vorgekaut und wird in die Kinder halb-verdaut hineingestopft, und sie schaufeln es hinein vor den Prüfungen und spucken es in der Prüfungsarbeit aus und sind es für immer los. Ich habe nirgends so viele Menschen wie hier in Amerika gesehen, die so lange zur Schule gehen und so viele Hausaufgaben machen und so wenig wissen. Ihr lacht, aber es ist wirklich traurig.

Lil: Wie du es sagst, klingt komisch, aber die Tatsache selbst ist nicht lustig. Da ist eine Art von Ironie, für mich jedenfalls und wahrscheinlich für die meisten von uns hier im Raum, wenn ich daran denke, wie lange ich zur Schule ging.

Laura: Ja, das meiste vergißt man.

Lil: O ja, und vor allem vieles, was ich gar nicht wissen wollte.

Laura: Diese Art des unkritischen Schluckens unterstützt die Konfluenz — zuerst mit der Mutter, aber dann mit der Familie, und mit der Schule und dem Sport, und mit dem politischen System — und was nicht in die Konfluenz-Tendenz paßt, wird entfremdet. Es paßt nicht hinein, und man fühlt sich schuldig dafür und ist voller Groll. In jeder konfluenten Beziehung gibt es einen, der die Oberhand hat und andere — wie in der Familie oder Klasse usw. — die folgen; sie fügen sich den Wünschen und Bedürfnissen des Führers, Vaters, Lehrers, Präsidenten oder Chefs. Ich versuche das zu verhindern, gerade jetzt hier: Nicht einfach schlucken, was ich sage, und es für bare Münze nehmen, sondern es zu schmecken und hineinzubeißen. Übrigens, die englische Sprache hat sehr exakte Begriffe dafür: *One talks about putting one's teeth into something, chewing it through, assimilating it, biting off more than one can chew, being fed up to the back teeth.*

Mac: Das ist etwa der Punkt, den ich jetzt erreicht habe.

Laura: Gerade jetzt?

Mac: Weil ich will, daß du aufhörst zu reden, und gleichzeitig will ich nicht auf der Bühne sein, und jetzt mache ich ...

Laura: Führe einen Dialog zwischen den beiden Teilen.

Mac: Nein. Ich will nur, daß das Gerede aufhört, und ich will nicht das tun, was du mich zu tun heißt.

Laura: So, was willst du?

Mac: Ich weiß es nicht.

Pat: Er will, daß jemand anderes es tut.

Mac: Ja. Ich will, daß etwas passiert, das stimmt.

Joan: Und jetzt ist es nicht der Fall. Ich teile deine Gefühle. Ich sitze hier und werde immer wütender, aber ich will mich nicht darauf einlassen. Ich will einfach nicht, daß ich meine Zeit hier vergeudet habe, und danach fühle ich mich jetzt.

Laura: Ich möchte mehr *Feed-back* haben.

Gert: Ich fühle mich angeekelt, aber ich ziehe es mir herein und herein und bin im Konflikt, ob ich bleiben oder gehen soll.

Laura: Das ist natürlich immer das Problem bei einer neuen Gruppe, die nicht wirklich eine Gruppe ist, sondern eine Ansammlung von Leuten, zu denen ich spreche und die ich gar nicht kenne. Und so rede ich notwendigerweise zu euch anstatt *mit* euch. Andererseits spüre ich, besonders, in den letzten Jahren, daß ich viel didaktischer sein muß, als ich es gewohnt war, weil die Menschen die ganze Zeit aktiv sind, und sie wollen, daß etwas passiert und wollen Betrieb, aber sie wissen nicht, was sie tun.

Jeanice: Ich kam wirklich hierher, um dich zu erfahren, was ich auch tue, deshalb jammere ich nicht, daß ich gelangweilt oder wütend bin, aber ich ahne trotzdem mein eigenes Gefühl — ich könnte dir nicht mehr zustimmen — daß wahrscheinlich 98 oder 99,9 Prozent — alles, was ich gelernt habe, habe ich vergessen und ich vermute, so fühle ich mich immer bei theoretischem Zeug, daß, wenn etwas geschieht, das bedeutsam ist, dann wird es zu einem Teil von mir, und wenn nicht, dann könnte ich etwas aufschreiben, aber ich würde meine Notizen nicht lesen, oder wenn ich es täte, würde ich mich trotzdem an nichts mehr erinnern; das dringt bei mir nicht ein. So ist das für mich.

Laura: Aber von alleine dringt es nicht bei dir ein, außer du . . .

Jeanice: Außer ich mache etwas damit.

Laura: Mach' etwas damit.

Jeanice: Ja.

Laura: Ich bemerke gerade, daß du deine Ellbogen einziehst und mit den Achseln zuckst, jetzt auch mit deinen Händen. Mach' das absichtlich. Mach' das gerade 'mal und übertreib' es . . . Nein, du hebst hier mehr an, als wenn du mit mir gesprochen hast . . . Wie sieht das für dich aus?

Jeanice: Als du es eben getan hast, war ich mir wirklich nicht bewußt, daß ich es tat. Aber als du es gemacht hast, sah es aus, als wolltest du versuchen zu sagen: »Nun, es ist nicht so wichtig«, wie, als ob du das herabsetzt, was ich gesagt habe.

Laura: Du schränkst auch deine Reichweite ein. Du bewegst von hier (Ellbogen) aus und verminderst deine Reichweite.

Gus: Ich würde es sehr schätzen, wenn du mit jemanden einen Kontrakt machtest, der mit dir arbeiten will, so daß jedermann beobachten kann.

Laura: Gut, wie wär's mit dir?

Gus: Schön.

Laura: Woran willst du arbeiten?

Gus: Gewöhnlich bin ich mir der Träume und Transformationen, die in mir stattfinden, bewußt. Ich verschenke Kleider. Ich kaufe verschiedenartige Kleider. Ich sage alles mögliche zu mir über mein Betragen. Das ist neu. Und ich bin mir bewußt, daß ich von dir wegschaue und nach etwas greife, was in den letzten ein oder zwei Tagen geschehen ist und was ich noch nicht zusammengebracht habe. Ich habe es wirklich noch nicht durchgekaut. Und ich bin verwirrt über das, was ich zu mir sage.

Laura: Bist du dir dessen bewußt, daß du nach jedem Satz entweder lächelst oder auf die Lippen beißt? Mach' das mit Absicht. Übertreib' es. Wie fühlst du dich, wenn du das tust?

Gus: Wie wenn ich dicht mache. Und für mich ist das ein Teil der

Angelegenheit. Vieles von mir — ich gehe wieder zurück in die Vergangenheit, aber es ist sehr verwandt mit dem, was mit mir gerade geschieht — in Beziehung zu einem wichtigen anderen Freund. Wir tauschen die Rollen; das ist neu für mich. Gerade während der letzten Tage, und ich gewöhne mich an ein neues Selbstbewußtsein, das ich nicht hatte. Ich mag das. Aber es ist seltsam und jagd mir einigen Schrecken ein. Ich bin seltsam, ich jage mir einen Schrecken ein. Ich bin mir bewußt, daß, wenn ich es mir aneigne, mein Kiefer ein bißchen lockerer wird, so bin ich in der Lage, die Luft leichter hereinzulassen und mir etwas Energie zuzuführen.

Laura: Du läßt sie heraus und sprichst dann mit nichts. Atme einmal ein und laß deine Stimme auf »Ah« heraus, so daß sie mich trifft.

Gus: Ahhh

Laura: Viel mehr.

Gus: Aahhhhh. Ich merke, daß ich anhalte . . .

Laura: Du preßt sie von hier (Kehlkopf) heraus. Füll' dich wirklich voll, laß sie hereinkommen und laß sie dann heraus. Und was immer du jetzt sagen willst, singe es, wie immer du kannst, wie ein Rezitativ in einer Oper.

Gus: Ich glaube, ich könnte Boris sein.

Laura: Sing das.

Gus: Boris — wie ist das?

Laura: Sing das.

Gus: BORIS . . .

Laura: Siehst du, wenn alles draußen ist, fängst du an zu reden. Die Stimme wird von der Ausatmung getragen. Deshalb ist Singen so eine gute Übung für Leute, die ihre Stimme nicht herauslassen, die sie nicht benutzen. Dann endest du bei dieser Art von Unbestimmtheiten und Generalisierungen. Du machst das in Quantität wett, was du nicht an Qualität herüberbringst. Qualität kommt vom Durchlassen der Energie her.

Gus: Ich merke, daß ich tiefer atme und sich mein Hintern entspannt. Ich bin mir jetzt bewußt, daß ich ein wenig schwitze.

Laura: Du läßt es überall heraus, außer in der Stimme.

Gus: Das löst eine Flut von Assoziationen bei mir aus, weil ich beschimpft wurde, daß ich zu kraftvoll sei.

Laura: Sei jetzt zu kraftvoll, oder was du für zu kraftvoll hälst. Steh' auf und mache dich wichtig.

Gus:Ich wünschte, du würdest etwas für uns tun. Wir haben hier wie Mehlsäcke herumgesessen.

Laura: Sprich für dich selbst.

Gus: Ich habe hier wie ein Mehlsack gesessen, ich habe gemerkt, wie Hal eingeschlafen ist, und ich habe gemerkt, wie ich selbst eingeschlafen bin, und ich stimme dem zu, was gesagt wurde: Wir haben zuviel geredet und zuwenig getan, und ich fühle mich jetzt besser, wenn ich spreche und etwas tue. Nun tue ich es, und es klingt nicht so überaus kraftvoll.

Laura: Und wieder lächelst du am Ende jeden Satzes.

Gus: Jaa, »Schlag mich nicht, ich lächle doch, weißt du.« Es ist fast so, . . . also ob ich erwarte, dafür bestraft zu werden, daß ich kraftvoll bin. Ja, das geht weit zurück.

Laura: Schau' dich gerade 'mal um. Wer würde dich hier bestrafen? Sag es uns.

Gus: Hmm, ich glaube nicht, daß das irgendjemand tun würde. Nein, ich glaube nicht, daß ihr das tun würdet. Tatsächlich erfahre ich irgendwie in mir die Belustigung, die ich in euren Augen sehe — daß ich eher Schutz brauchen könnte, aber . . . (Lachen) Ich kann kraftvoll sein, wenigstens nach dem, wie ich mich jetzt fühle, und nicht . . .

Laura: Sei mit deiner linken Hand kraftvoll. Ja, siehst du, du läßt die rechte Hand frei und steckst deine linke Hand weg.

Gus: Ich habe schrecklich viel über das Nicht-kraftvoll-Sein introjiziert. Ich könnte Leute verletzen, und ich dachte zuerst nie daran, daß ich mich so kraftvoll fühlen könnte, aber ich bekam eine Menge *Feed-back*, daß ich es bin, und es stimmte nie mit meinem Gefühl überein.

Laura: Du erzählst uns Geschichten, die wir glauben können oder auch nicht.

Gus: Ich dachte halt, es wäre interessant.

Laura: Sag' etwas zu den Leuten hier, das entweder kritisch ist oder das du normalerweise nicht sagen würdest. Versuch' es mit mir.

Gus: Du bist nicht so, wie du mir ausgemalt wurdest von den Leuten, die ich in Cleveland kenne, und ich bin sowohl erfreut als auch verblüfft. Ich glaube nicht, daß ich das sonst gesagt hätte.

Dave: Würdest du das übersetzen? Was heißt »ausgemalt«.

Gus: Mit bildhaften Wörtern. Laura wurde mir und den anderen, die in Cleveland durch das Gestalt Institut ausgebildet wurden, ausgemalt — und ich glaube den Leuten dort, weil ich eine Menge von ihnen gelernt habe und gewachsen bin durch ihren Einfluß, so daß das für mich eine Art ist, Beziehung aufzunehmen.

Laura: Wie?

Gus: Wie ich das mache? Ich bin mir dessen nicht bewußt.

Laura: Ich weiß nicht, mit wem du in Cleveland gesprochen hast, aber sie haben eine Menge von mir gelernt. Wessen sich die meisten noch nicht bewußt sind, ist die Beobachtung, daß ich mich mit sehr kleinen Dingen auseinandersetze und kleine Schritte mache, und kleine Schritte zu machen kann sehr anregend sein, denn da liegen wirklich die meisten Schwierigkeiten. Ich mache minutiöse Arbeit, die vielleicht nicht unmittelbar sichtbar oder verständlich ist. Ich beobachte und behandle kleine Dinge oder das, was gewöhnlich für selbstverständlich gehalten wird, was offensichtlich genannt wird, denn die Widerstände und Schwierigkeiten liegen im Offensichtlichen. Das Wort obvious (offensichtlich) und das Wort Problem sind linguistisch eigentlich das gleiche. *Problema* bedeutet im Griechischen das, was gerade vor dir ist, und offensichtlich ist das gleiche, das, was gerade auf deinem Weg liegt. Und wir nutzen letzteres für das, woran auch nur zu denken zu trivial ist, geschweige denn, daß wir darüber reden; und wir benutzen das Wort Problem für das, was schwierig ist, was man durcharbeiten muß oder um das man herumkommen oder was man hinter sich lassen muß.

Chris: Du sagst also, daß wenn jemand zu dir in die Therapie mit einem Problem kommt, das mit jemanden außerhalb zu tun hat, eine

Verlobte oder ein Kind oder ein Chef oder . . .

Laura: Wenn er das Problem außerhalb hat, ist es auch jetzt hier mit mir, und ich kann es sehen; ich finde, wenn man wirklich beobachtet, dann kann man es hier sehen, aber wenn man — in der Arbeit mit jemandem am Offensichtlichsten kann man unmittelbar etwas demonstrieren und ausprobieren, und das führt direkt zum zentralen Konflikt.

Tom: Möchtest du immer noch eine Rückmeldung über das, was wir erfahren haben, als du gearbeitet hast, oder würdest du lieber mit den Leuten wie jetzt arbeiten.

Laura: Du sagst, daß es etwas gibt, was du sagen willst.

Tom: Ich habe eine Rückmeldung, die sich von der der anderen unterscheidet. Der Ausdruck, der mir im Augenblick in den Sinn kommt, ist »stolz sein auf«. Ich war stolz auf die Arbeit, die du gemacht hast. Soviel, wie ich von Gestalt verstehe, habe ich dich sie ausführen sehen, als es stattfand; und ich habe die Leute beobachtet, und ich habe gesehen, wie die Augen wegwanderten und die Leute unruhig wurden, und ich habe mich gefragt, ob wir irgendwie die Gestaltkonzepte vermißt haben, wie ich sie erfahren habe, vielleicht würden sie sie Nichtigkeiten nennen, aber ich bin mir des Unterschieds zwischen Vordergrund und der Arbeit, die getan werden muß, bewußt, und die Leute, die zu mir zur Therapie kommen, brauchen mich nicht, um ihnen das Offensichtliche zu sagen und das, was sie wissen. Sie brauchen mich, damit sie das fokussieren können, was sie nicht sehen, und das ist es, was ich dich habe tun sehen. Und sogar, als du Vorträge hielst, konnte ich das in Übereinstimmung mit den Gestaltkonzepten bringen. Was ich erfahren habe in bezug auf das, was vielleicht in der Gruppe passierte, ist — vielleicht projiziere ich, aber ich habe mit euch beiden gearbeitet, mit dir und Fritz, und deshalb weiß ich nicht, aber wenn du das glaubst, bin ich mehr als bereit, die Art von Arbeit mit dir im Hier-und-Jetzt zu tun —, daß du anders arbeitest als Fritz.

Laura: Sicherlich.

Tom: Aber du bist ein anderer Mensch. Das ist das, was ich meinen

Supervisionsklienten beibringe. Ich glaube, ich habe Verständnis dafür, daß die Leute einen Fritz aus zweiter Hand erwarten, der hereinkommt, sich hinsetzt und sagt: »Hier ist der heiße Stuhl, wer will arbeiten? Leck mich, du willst nicht arbeiten? Jemand anderes soll auf den heißen Stuhl.« Und das ist nicht die Art, wie du arbeitest.

Laura: Nein, ich arbeite immer eine ganze Weile mit jemanden, und wenn die Leute wirklich aufpassen, dann kriegen sie dabei auch etwas.

Tom: Ich glaube, sie haben auf etwas riesig Aufregendes gewartet, und das ist ein Teil der Schwierigkeit, die wir mit unserer gegenwärtigen Generation haben.

Bess: Ich glaube, du stellst eine Vermutung auf.

Tom: Das ist das, was Fritz uns immer gesagt hat, daß 99 Prozent dessen, was wir sehen, Projektion ist, so lernt man das in einer anderen Gestalt. Ich weiß nicht, vielleicht projiziere ich, aber ich erfahre die Arbeit von Laura auf sehr andere Weise. Das ist alles, was ich sage.

Nan: Was ich dich sagen höre, ist: »Ist das alles?«

Jill: Ich sah die Aussagen, die gemacht wurden, nicht notwendigerweise auf Lauras Arbeit bezogen, sondern als Aussagen über vieles darüber, wo jeder von uns war.

Nan: Über welche Aussagen sprichst du?

Jill: Über einige der Aussagen. Sie waren nicht über Laura, sondern darüber, wo jeder von uns war. Was mich betrifft, ich hatte wenig Energie. Auf eine Art und Weise wünschte ich, etwas würde passieren, weil ich sehr müde war und wirklich wenig Energie hatte.

Laura: Ja, du hast nicht mitbekommen, was geschah.

Jill: Ach, ich habe mitbekommen, was geschah. Ich habe auch gemerkt, daß es Leute gab, die das Gefühl hatten, sie wollten, daß etwas anderes geschehen sollte, und ich habe das nicht alles als eine Ablehnung von dir verstanden. Ich habe von dir (zu Tom) gehört, daß du sie auf irgendeine Art und Weise verteidigt hast, und ich habe nicht gehört, daß sie kritisiert wurde.

Laura: Ich bin an diese Art von Reaktionen in der ersten Stunde der Arbeit gewöhnt — da ich die üblichen Encounter-Techniken ablehne. Gestalttherapie ist keine Encounter-Therapie mit festgelegten Übungen und Herausforderungen und Vorschriften.

Tom: Ich merke jetzt, daß ich zugelassen habe, durch das, was ich gesagt habe, verletzlich zu sein, und ich habe mich auf die Eisenbahnschiene gelegt, und der Zug kann heranrollen, und ich bin das Arschloch, das sich dahin gelegt hat. Aber ich spürte einfach die Notwendigkeit, es nicht so sehr für den Rest der Leute sagen zu müssen, sondern für jemanden, den ich hergebracht habe, damit er heute bei euch sein kann, und wir sind weit gefahren um hierherzukommen. Vielleicht habe ich sie vor euch verteidigt. Ich bin nicht sicher. Es ist möglich, aber ich weiß, daß du anders als Fritz arbeitest.

Laura: Hast du den Eindruck, ich brauchte es, oder sie brauchte es?

Tom: Ich habe das Gefühl, ich brauchte es. Ich war paradigmatisch, als ich ihnen zeigte, wie kraftvoll du warst.

Laura: Ich erinnere mich an eine Erfahrung, die ich vor vielen Jahren machte, als ich bei Martin Bubers 80. Geburtstagsfeier war und Erich Fromm eine Ansprache hielt, und im Verlauf dieser Ansprache sagte er so etwas wie: »Macht ist das, was Maschinen oder Tiere aus Menschen macht.« Und ich hatte das Gefühl, daß er kein gutes Zeugnis von sich selbst als Therapeuten gab, und ich wollte am Ende etwas sagen, und dann stand Martin Buber natürlich als erster auf und dankte ihm für die Rede und sagte: »Aber in einer Hinsicht stimme ich nicht mit Ihnen überein. Macht ist nicht nur dies (Geste der Unterdrückung), sondern auch das (Geste der Unterstützung).

Ich lege soviel Wert auf die Stützfunktionen, denn wenn die Grenzerfahrung durch ungenügende Stützung gestört ist, dann wird die Grenze, die Unterscheidung zwischen dem, was ich bin und was der andere ist, verwischt und funktioniert nicht gut. Dies öffnet die Tür zur Projektion und Introjektion. So sind dies nicht die vorrangigen Dinge, mit denen man sich beschäftigt — man spricht darüber, bis man blau im Gesicht ist — aber was man wirklich stärken muß, sind die Stützfunktionen.

Ruth: Ich denke daran, dich um Hilfe bei etwas zu bitten, und ich bin gespalten, denn vorher war mein Gedanke: Ich mag diese Art von Zwiespalt nicht, und ich würde mich wohler fühlen, wenn es einen Weg gäbe — es fühlt sich an, als ob etwas in der Gruppe nicht gesagt würde, oder es gibt so eine Art Ruhelosigkeit, und ich war mir dieser bewußt, als ich vorhin aufstand. Ich würde mich wohler fühlen, wenn ich etwas machen oder jemand anderem zusehen würde, wenn es sich insgesamt besser anfühlen würde. Ich fühle mich mit meiner Aufmerksamkeit sehr zerstreut; sie springt dauernd hin und her — zu dir, zu mir selbst, zur Unzufriedenheit. Ich glaube, wir könnten so weit kommen, daß ich mich wenigstens ein bißchen wohler fühlen würde, wenn alle weniger zerstreut wären, und so fühle ich mich eingeklemmt zwischen mir selbst und der Suche danach, was los ist, und wünsche mir, daß wir alle es ändern könnten — nicht nur du — und es scheint genug schlechte Schwingungen und wütende Blicke und verzogene Gesichter zu geben und Leute, die ihre Augen zur Decke richten und Herumschnauben, und es stinkt, und ich glaube nicht, daß wir das miteinander tun sollten. Ich wünschte, wir könnten alle etwas tun und ein wenig besser zusammenarbeiten. Wir sollten in der Lage sein, etwas mehr zu tun, als was wir bisher getan haben; es sollte nicht nur bei dir liegen.

Laura: Das stimmt.

Eve: Ich habe diesen Eindruck nicht, weil ich hierher kam, um Laura Perls zu erleben als berühmte Persönlichkeit, als Expertin oder was immer. Ich wußte wirklich nicht, was ich erwarten sollte. Und ich kam auch auf Empfehlung vieler Leute, und wie ich vorher sagte, ich glaube nicht, daß irgendetwas hier passiert ist. Ich meine, es gibt einige von uns — mich — mit einiger Erfahrung in Gestaltarbeit, ich sehe, was du tust, und du machst nichts, wobei ich das Gefühl hätte, daß ich etwas lerne, daß ich etwas Neues höre, daß ich etwas erfahre, und ich sitze immer noch hier . . .

Laura: Dann vergißt du, was du hier schon getan hast.

Eve: Das ist nichts. Ich habe hier nichts gemacht. Tut mir leid. Ich habe schon daran gearbeitet, ich habe eine Beckenverkrümmung. Ich hatte auch Gelegenheit, mit Feldenkrais zu arbeiten. Ich habe es nicht integriert, und ich habe es noch nicht zusammengebracht, weil ich mit einem anderen Problem umgehen mußte. Das ist nichts. Ich betrachte das nicht — das ist keine Arbeit. Das ist doch nicht wirklich an meiner Haltung arbeiten.

Bess: Aber erwartest du, daß sie das alles tun muß?

Eve: Ich erwarte gar nichts von ihr. Nicht, alles zu tun oder etwas bestimmtes zu tun. Die Ausschreibung war, daß das eine erfahrungszentrierte Gruppe ist, und ich war in anderen erfahrungszentrierten Gruppen und machte dort sehr gute Erfahrungen, und ich mache hier keine. Und ich weiß nicht, was ich da oben getan habe — das ist Unsinn — das ist verlorene Zeit für mich, was mich betrifft. Außerdem, ich arbeite an der Beckenverkrümmung zu Hause, ich mache Übungen. Ich glaubte wirklich nicht, daß das irgendwo hinführen würde. Wenn sie herumgeht und sagt: »Mach das mit Absicht« — wenn ich das nocheinmal höre, werde ich, glaube ich, platzen.

Laura: Möchtest du die Gruppenleitung übernehmen?

Eve: Nein.

Jill: Ich sähe es liebend gerne, daß wir uns mit der Erfahrung beschäftigen, die wir gerade machen, denn das könnte die beste Erfahrung sein, die wir haben können.

Janice: Ich spüre eine Menge Nervosität in mir. Ich bin irgendwie zerrissen — als ob ich nichts sagen wollte — ich sag' es trotzdem. Ich höre, was du sagst, und es tut mir leid, daß du nichts aus deiner Erfahrung ziehen konntest. Ich habe ganz sicher etwas herausgezogen, und es tut mir leid, daß du das nicht hast, weil ich so viel davon hatte. Und ich schätzte deine Arbeit und die Arbeit einiger anderer. Ich schätzte deine Arbeit, als du aufstandst, und ich fühle, ich war etwas aufgeregt bei dem, was hier geschieht, und ich spürte, als du etwas über die unzufriedenen Leute sagtest, ich vermute, ich hab' das nicht gemerkt. Es war für mich nicht im Vordergrund.

Ich war sehr überrascht über das, was ich hörte, und ich meine, ich habe es vorher schon gehört; irgendwie ist das anders für mich und ich genieße es sehr viel mehr, so, nun gut...

Greg: Eve, ich wüßte gerne, ob das, was du hier tust, deine wirkliche Entscheidung ist. Ich sage das, weil ich dich in erster Linie Vorwürfe machen höre. Manchmal, wenn ich mich so fühle, und mir nicht danach ist, etwas zu verändern, und ich innerlichen Druck verspüre, neige ich dazu, wegzugehen, weißt du, statt Vorwürfe zu machen. Ich will da nicht mitmachen. Ich unterstütze das nicht, sondern ich frage mich, ob du irgendwie gefangen bist durch Visionen von Macht oder was auch immer. Dies ist ein Hotelzimmer, wo du alles tun kannst, was du willst. Ich habe mich gefragt, ob du dich selbst ernst nimmst, denn warum solltest du bleiben? Wenn es sich herausstellt, daß Laura — Gott bewahre — eine Person ist und keine Göttin und daß das unsere Enttäuschung ist, warum sollten wir ihr dann Vorwürfe machen, oder warum der Gruppe Vorwürfe machen?

Eve: Du interpretierst und projizierst wahnsinnig viel, und darauf will ich nicht antworten.

Meg: Ich reagiere sehr stark darauf. Ich will nicht, daß wir die Zeit damit verbringen, daß die Leute in der Gruppe zu anderen Leuten im Raum reden, nicht daß die Leute keine guten oder schlechten Sachen sagen könnten, denn ich bin sicher, wir waren alle in Millionen von Gruppen, und ich kam wirklich hierher, um dich zu hören, und ich denke, du bist unglaublich scharfsinnig, und ich bin sehr neidisch. Meine andere Reaktion ist — mein Gott, 75! Ich brauche also nicht aufzugeben, wenn ich auf die 70 zugehe, und das ist sehr ermutigend, und ich fühle mich dadurch sehr ermutigt. Ich wußte nicht, wie du aussiehst, und als ich dich sah, dachte ich »Das ist Laura?« Wie, »alte Dame« — das ist sehr ermutigend für mich.

Laura: Ich fühle mich von Minute zu Minute älter werden.

Meg: Das andere, was mich ermutigt und weswegen ich neidisch bin, ist, daß ich dachte: »O Gott, wenn ich eine Gruppe leiten würde und die Leute würden das zu mir sagen, *ich* würde hinausgehen.

Und du sitzt ruhig da, sagst »Oh!« und ich dachte: »ich würde zittern«, aber du siehst nicht einmal so aus, als ob du zitterst.

Laura: Nein, ich zittere nicht.

Meg: Ich war voller Bewunderung und auch Neid.

Clark: Ich habe erfahren, daß du mehr getan hast, als nur dazusitzen und nichts zu sagen. Ich habe mich zum ersten Mal in meinem Leben um 180 Grad gedreht und meine Wahrnehmung überprüft. Ich habe erfahren, daß sie dich ständig, ganz gleich, was du gesagt hast, dazu gebracht hat, sich auf dich zu konzentrieren in dem, was du über sie gesagt hast und was du dabei erfahren hast, als du es sagtest, und was dein Körper gemacht hat, als du es sagtest, immer wieder, besonders bei der Arbeit, die sie mit dir gemacht hat. Ich dachte, das war ein phantastisches Beispiel der Gestaltmethode, die ich gelernt und die ich verwendet habe. Das ist es, was ich sagen will. Ich spüre bei so vielen von euch, offensichtlich nicht bei allen, daß ihr wirklich verpaßt habt, was vor sich ging. Ich weiß nicht, warum das geschah. Ich wünschte, ich wüßte es, damit ich in meinen eigenen Workshops besser werden könnte.

Ella: Ich habe so viele Probleme mit dieser Disharmonie, als ob es meine Familie wäre, und ich muß die Gruppe zusammenbringen, und warum ist es meine Aufgabe, und es ist nicht meine Aufgabe, und ich bin von mir selbst enttäuscht — so unglücklich damit. Ach! Ich möchte, daß ihr alle nett seid, so daß jeder das kriegen kann, was er wollte, und es ist gerade so, o nein, wir sind im Schlamassel, einige Leute wollen nicht, daß wir miteinander reden, und einige Leute wollen nicht, daß du Vorträge hälst, und einige Leute glauben, daß nichts passiert und andere glauben, daß eine Menge passiert . . . oooh!

Laura: Wenn du mit bestimmten Erwartungen in einer bestimmten Richtung kommst, werden sie fast immer enttäuscht werden. Auf diese Weise hindert man sich daran, das zu erfahren, was tatsächlich vor sich geht.

Ella: Ich habe die Illusion, daß wir alle einen Konsens erreichen könnten. Wir haben nie herausgefunden, was unsere Erwartungen alle waren. Ich kam zu spät, vielleicht hast du das gemacht, bevor ich kam, und ich habe diesen Teil verpaßt. So daß wir wüßten, was dein Plan oder deine Gedanken oder deine — vielleicht hattest du keine, und das ist das großartige Konzept, und deshalb tun wir das, was wir tun sollten. Aber es sieht so aus, als ob wir eine Menge unterschiedlicher Agendas hätten, und wir hauen uns die Köpfe ein, und das scheint mir auch nicht so produktiv zu sein, wie es sein könnte.

Kent: Vielleicht erschaffen wir alle unsere Realität auf irgendeine verrückte Weise. Vielleicht hat Laura eine Realität und jeder von uns hat seine eigene.

Ella: Ich würde gerne eine Sache herausfinden. War das Erlernen dessen, was du tust im Hinblick auf deine Zurückhaltung von Aggressionen — oder Selbstausdruck — ausreichend, oder hättest du mehr Hilfe gebraucht oder gewünscht für eine korrigierende Erfahrung? Ich wüßte gerne deine Erfahrung.

Gus: Ich bin mit einer Menge Dinge in Kontakt gekommen. Ich zögere, mich auf das »Was wäre, wenn« einzulassen.

Ella: Spürst du ein Defizit an Hilfe für Erfahrungen?

Laura: Wenn du gewollt hättest, wäre ich weitergegangen. An diesem Punkt habe ich nicht darauf bestanden. Ich kenne dich nicht sehr gut. Ich kann sehr beharrlich sein.

Gus: Ich schätzte das, was du getan hast, denn ich bin in einer Phase meines Lebens, in der ich keine korrigierenden Erfahrung mit jemanden machen möchte, den ich nicht kenne.

Hal: Ich möchte euch eine Supervisionsaussage mitteilen, die Fritz vor 12 oder 13 Jahren mir gegenüber machte. Wir diskutierten einen Fall, und er sagte zu mir: »Hal, Hal, du kannst nicht drängen.« Ich werde das nie vergessen. Alles, was man tun muß, ist, bei den Patienten da zu sein, wo sie sind. Das ist alles, was man tun muß, sei mit ihnen wie auch immer.

Laura: Und achte darauf, was sie tun oder nicht tun. Sie tun immer irgendetwas.

Ann: Ich habe immer irgendetwas gehabt, an dem ich arbeiten konnte, und ich stelle fest, daß ich nicht wirklich das Bedürfnis hatte, irgend etwas zu sagen. Ich konnte nicht herausfinden, warum, und dann bemerkte ich, daß ich sehr berührt war vom Beobachten, und fühle mich sehr bewegt, und ich habe nicht viele Worte dafür.

Laura: Wolltest du vorher an etwas arbeiten? Du kamst mit einer Idee?

Ann: Es ist Vergangenheit für mich, nichts, was sehr präsent ist.

Laura: So, wer möchte arbeiten?

Liz: Ich will arbeiten. Was mich schockiert, denn ich kam hierher und dachte: »Ich werde nicht arbeiten. Ich will mich damit nicht beschäftigen.« Ich dachte das schon. Ich weiß nicht, wie man das in der Gestaltsprache sagt.

Laura: Gibt es eine Gestaltsprache?

Liz: An diesem Wochenende habe ich an meinem Ärger mit meinem Ehemann festgehangen wegen irgendetwas, was ich zu einer großartigen Angelegenheit gemacht habe. Es ist nicht so, daß es nichts wäre, etwas, was ungewöhnlich in unserer Beziehung ist, aber ich war wirklich sehr ärgerlich, und ich versuchte, ärgerlicher zu sein, als ich bin. Ich habe versucht, mit ihm überhaupt nicht mehr zu sprechen und sehr ärgerlich zu agieren und sehr feindselig — und ich glaube, ich agierte ärgerlicher, als ich bin, habe einen Elefanten aus einer Mücke gemacht — nicht gerade eine Mücke, aber es ist keine großartige Sache, und ich merke, ich möchte einen Elefanten daraus machen.

Laura: Wofür mußt du das tun?

Liz: Das ist es, was ich nicht weiß. Das ist normalerweise nicht meine Art, deshalb weiß ich nicht genau, warum ich das tun will. Ich könnte dir nicht sagen, was es ist.

Laura: Hast du das Gefühl, daß er sonst nicht mehr reagiert?

Liz: Nein, das kann ich nicht sagen. Er ist gewöhnlich ein sehr sensibler Typ.

Laura: Kannst du einen Dialog mit ihm jetzt hier machen? Sprich mit ihm darüber.

Liz: »Schau, ich habe es wirklich satt und mag es nicht mehr, daß, wenn wir wütend werden, ich irgendwie den Anfang mache 'Laß uns drüber reden, laß uns verstehen, was los ist'. Sicher, wenn ich anfange, dann redest du mit mir, und du antwortest. Aber warum sollte ich immer mit dieser Art von Dialog anfangen. Warum kann ich nicht einmal wütend werden und du kommst zu mir und sagst 'Laß uns drüber reden'. Gut, du willst, aber ich habe seither nicht mehr mit dir gesprochen — was, seit Freitag? Donnerstag abend? Heute ist Sonntag? Wie lange willst du noch warten? Ich weiß, letztendlich wirst du; ich werde mich nicht bewegen. Du wirst letztendlich 'rauskommen. Warum muß ich durch all das durchgehen? Und je länger du nicht mit mir sprichst, desto wütender werde ich, du weißt das.«

Laura: Was sagt er?

Liz: Was sagt er? Er sagt: »Ich war freundlich. Wenn du mit mir reden könntest, würde ich mit dir reden. Ich habe versucht, mit dir über alles zu sprechen; du willst nicht mit mir sprechen. Weshalb sollte ich mich dann verletzlich machen? Warum sollte ich mich dir gegenüber so verletzlich machen, wenn du so wütend bist? Es gibt nichts so Schwerwiegendes, worüber du so wütend sein könntest. Ich meine, wenn du wütend bist, dann sprich zu mir. Ich mag mich nicht verletzlich machen. Und übrigens, ich glaube, ich habe recht. Ich glaube, ich habe recht, und ich will nicht sagen, ich habe unrecht, wenn ich glaube, daß ich recht habe.« Das würde er sagen.

Laura: Bei wem mußtest du das tun, als du ein Kind warst? »Halt den Mund.«

Liz: Bei wem *ich* das tun mußte? Meine Mutter sagte mir immer, daß ich nie den Mund hielt. Meine Mutter denkt immer, sie hat recht. Entweder, man schweigt, oder man stimmt ihr zu. Oder man hat einen großen Kampf mit ihr, oder geht 'raus und sagt: »In Ordnung, Mami; es ist in Ordnung.« Ich glaube bis zum heutigen Tag, daß sie immer denkt, daß sie recht hat.

Laura: Und du änderst den Ton deiner Stimme. Das ist etwas, was ich unmittelbar bei dir bemerkte, daß du häufig sagst: »Das ist in Ordnung, ok.«

Liz: So etwas wie wütend und fasziniert zugleich.

Laura: Wie Zähneknirschen und zugleich Lächeln.

Liz: Die Leute sagen zu mir, daß ich sehr wie meine Mutter bin. (Lachen)

Laura: Das geschieht immer. Kinder imitieren mit Bewußtheit, was sie bewundern und wie sie sein möchten; und sie identifizieren sich unbewußt mit dem, was sie nicht auf andere Art und Weise verkraften können. Und auf diese Weise vermeiden sie den äußeren Konflikt und etablieren einen inneren.

Liz: Ich fühle mich an, als ob ich mich sehr nach innen zurückziehe. Ich glaube, ich fühle mich so, als ob ich meinen Mann gleich boxen könnte, und ich weiß, es hat nichts mit ihm zu tun.

Laura: Ich wünschte, du würdest mit deiner Mutter einen Dialog machen und ihr wirklich bescheid sagen.

Liz: Meiner Mutter bescheid sagen? Ich wollte gerade sagen »Was?«. »Weißt du, Mami, ich bin es satt und überdrüssig, daß du immer recht haben mußt. Ich habe es auch satt, daß jedesmal, wenn ich dir das sage oder mit dir zu reden versuche, oder dir mitteilen möchte, was ich dazu empfinde, was zwischen uns ist, daß du dann entweder verletzt bist oder dieses 'Oh, mein Gott, Liz'kommt, es ist immer ein Eiertanz mit dir. Kann ich dir nicht einfach sagen, was ich fühle? Wenn ich dir sage, was ich fühle und was ich denke, dann wirst du ganz aufgeregt. Was ist das? Ich bin eine erwachsene Frau. Ich sollte in der Lage sein, mit dir zu reden, nicht wahr? Wenn ich nicht mit dir übereinstimme, dann wirst du ganz aufgeregt.« Das ist meine Mutter. Und ich würde ihr widersprechen. Dasselbe würde ich ihr sagen, nicht? »Darum geht's doch nicht, Mutter. Wenn ich *dir* nicht zustimme, dann wirst du ganz aufgebracht. Du weißt, deine Vorstellung vom Verständnisvoll- und Einfühlsam-Sein zieht sich durch alles durch. Aber es ist kein wirkliches Verstehen. Es ist eine Art, damit fertig zu werden, damit zurückzukommen, zu lieben. Aber es ist nicht wirklich verstehen. Es ist nicht wirklich der Versuch, zu verstehen, was ich fühle. Ich habe den Eindruck, du kommst immer aus einer Verteidigungsposition, auch wenn du dich nicht zu verteidigen scheinst.«

Laura: Ich sehe, daß ihr euch gegenseitig Vorwürfe macht. Und daß ihr dadurch versucht, die ursprüngliche Konfluenz wieder herzustellen, in dem einen oder in dem anderen Lager zu sein. Du willst, daß sie mehr wie du ist, und sie will, daß du mehr wie sie bist und zustimmst, und ihr erkennt den anderen nicht wirklich als anderen an. Könntest du gerade jetzt sagen, wie du von deiner Mutter verschieden bist?

Liz: »Ich denke, ich bin verschieden, indem ich ein Leben führe, in welchem ich bereit bin, mehr Risiken auf mich zu nehmen — und indem ich mehr rebelliere, bin ich im Grunde vielleicht nicht verschieden von dir. Aber ich glaube, ich habe mir selbst die Erlaubnis gegeben, zu tun, was ich will. Ich denke, du hast dich wirklich entschieden, ein Leben der Konformität zu führen, und da sind wir sehr unterschiedlich. Und ich weiß, es ärgert dich, daß mein Leben nicht mit dem übereinstimmt, was du als perfektes Leben betrachtest, und es ärgert mich, daß es dich ärgert, daß ich mein Leben so führe, wie ich es führe, und daß meine Schwestern und mein Bruder ihre Leben so führen, wie sie sie führen. Es ärgert mich vor allem, daß es dich so verletzt und daß du dich so sehr wie ein Versager fühlst. Was hast du falsch gemacht? Alle Kinder deiner Freunde heirateten wohlhabende Männer oder Frauen, die jüdisch sind und in den Vororten leben und drei Kinder haben. Ich möchte einfach mit deiner Mißbilligung leben. Es ist schlimmer, damit zu leben, daß du dich selbst so verletzt und enttäuscht fühlst. Ich denke, ich will das immer noch irgendwie gut machen. Aber ich will es nicht auf meine Kosten tun, oder wenigstens will ich nicht so wütend auf dich werden — kannst du nicht sehen, daß alles in Ordnung ist? Du machst dich unglücklich für nichts und wieder nichts.«

Laura: Siehst du, es ist wirklich ihre Verantwortung. Und du machst dich deshalb unglücklich — das ist *deine* Verantwortung.

Liz: Der Punkt ist, daß ich weiß, daß ich mich deshalb auch in der Beziehung zu meinem Mann unglücklich mache.

Laura: Das ist das gleiche, daß du den Unterschied nicht voll akzeptierst und ihn sein läßt. Ich glaube, daß er dich sehr viel mehr du selbst sein läßt, als du ihn sein läßt.

Liz: Das ist wahr. Das ist bestimmt wahr. Ich bin verwöhnt, ich bin so daran gewöhnt, daß er mich so sein läßt, wie ich bin, daß ich genau wegen etwas, wo er mich nicht sein ließ, wie ich bin, sagte: »Er läßt mich nicht so sein, wie ich bin. Wie kann er mir das antun!«

Laura: Möchtest du, daß er die Mutter ist?

Liz: O ja, ich möchte, daß er die gute Mutter ist, sicher. Meistens ist er darin ziemlich gut. Vielleicht ist das die andere Seite. Ich bin mir dieser Seite sehr bewußt. — Ich habe ein Zweijähriges, und ich bin schwanger. Und ein Teil dessen, was ich fühlte, ist, 'wie kann er mich so behandeln, wenn ich schwanger bin?' Nun bin ich mir bewußt, daß ich besondere Beachtung brauche, da ist nichts Falsches dran. Aber ich benötige besondere Beachtung, und er sollte keine weiteren Forderungen an mich stellen.

Ich möchte etwas über den Inhalt unseres Streites sagen, denn der könnte auch wichtig sein: Es geht um eine Freundin, die bisexuell ist, aber die die meisten Affairen mit Frauen hat, und ich wollte mit ihr zu Abend essen, und ich erwähnte es am Donnerstag abend, als ich nach Hause kam — »Übrigens, ich werde mit dieser Freundin Abendessen gehen«, und er nahm diese Haltung ein — »Warum mußt du sie so oft treffen?« (das heißt ungefähr viermal im Jahr). »Weshalb mußt du sie treffen? Warum hast du diesen Zwang?« Er sagte das nicht, aber das war die Andeutung. Und dann steigerte er sich in all das, weshalb sie mich treffen wollte, aber ich weiß, daß es nicht wahr ist. Wenn ich mich für ein Abendessen mit einem Freund verabredete, würde er sagen 'oh' oder so etwas; er hätte nichts dagegen, so ist er nicht, aber er und ich wußten, daß er sich bedroht fühlte. Ich habe andere lesbische Freundinnen und so, und ich wußte, daß er von der Idee bedroht war, daß ich vielleicht lesbisch sein könnte. Und uuh —

Laura: Was bedeutet das für dich?

Liz: Hm, das ist das, was ich mich selbst frage. Denn warum sollte mich das so aus der Fassung bringen? Denn es ist sehr im Gegensatz zu, weißt du, ich denke, wenn ich lesbisch wäre, wäre ich eben lesbisch. Es wäre nicht der Weltuntergang. Und wenn ich bisexuell wäre, wäre ich eben bisexuell. Das ist alles auf einer intellektuellen Ebene. Und ich fühle mich nicht danach, ...

Laura: Wie fühlst du dich?

Liz: Du fragst mich wie? Ich vermeide es. Ich denke, ich fühle mich sehr zwiespältig. Ich glaube, gerade so, wie es einen Teil in mir gibt, der froh ist, daß ich weiß bin (das ist schrecklich, was ich sage, nicht wahr?), glaube ich, daß es einen Teil in mir gibt, der froh ist, daß ich heterosexuell bin, und ... weil ich weiß, was ich mir immer wieder gesagt habe: »Scheiße! Komm, komm, ich ziehe dieses Kind groß, und ich bin schwanger. Ich werde ein zweites Kind haben, und alles, womit dieser Idiot kommt, ist: Er weiß nicht, daß ich heterosexuell bin.« Wenn dein eigener Mann nicht weiß, daß du heterosexuell bist, wer soll dann wissen, daß du es bist? Aber es war nicht auf einer realen Ebene. Ich meine, ich nahm es nicht wirklich als eine Beleidigung meiner Sexualität, aber ich staunte darüber, daß es mich so aufgeregt hat. Deshalb dachte ich, ich sollte es erwähnen.

Laura: Irgendwelche Kommentare?

Eve: Ich glaube nicht, daß es keinen Zusammenhang gibt zwischen der Tatsache, daß es gerade jetzt hochkommt und auch mit diesen Gefühlen über deine Mutter hochkommt und deiner Schwangerschaft und damit, daß du für einige Zeit an ein Kind gebunden bist.

Liz: Ich habe das sehr stark empfunden, aber es hatte eine sehr starke gefühlsmäßige Verbindung für mich von 'Wie kann er das zu mir sagen, wenn ich schwanger bin?'

Laura: Sag' ein paar generelle Dinge über lesbische Frauen.

Liz: Gut, ich glaube ich werde gerade das sagen, war mir in den Sinn kommt, auch wenn ich nicht stolz darauf bin. Ich fühle, daß es wirklich gegen alle meine Überzeugungen geht. OK. Lesbische Frauen mögen keine Männer. Ich glaube das nicht, aber ich will es trotzdem sagen. Irgendwie das Stärkste, was mir in den Sinn kam, war, daß lesbische Frauen sich entschieden haben, ihr Leben ohne

Männer zu leben.

Laura: Bist du dir bewußt, daß du das alles ohne Energie sagst?

Liz: Vielleicht habe ich das ohne Energie gesagt, aber ich fühlte etwas sehr tiefes, als ich das sagte. Denn da kam etwas für mich zusammen, was schwanger sein für mich bedeutet. Und daß es bedeutet, daß ich ungeheuer abhängig von meinem Mann sein werde. Ich meine, er zieht etwa 40 — 60 Kinder groß. Ich arbeite, und er ist zu Hause, wenn ich arbeite, und ich bin zu Hause, wenn er arbeitet. Und wir sehen uns nicht viel, und es ist nicht nur ein zweites Kind haben. Es ist auch er. Und jetzt heißt es, noch mehr von uns selbst herzugeben und von uns wegzunehmen, und es bedeutet, mehr Abhängigkeit von ihm, vor allem im ersten Jahr. Glaube ich wirklich. Ich weiß nicht, wie Menschen Kinder alleine aufziehen, ich weiß es wirklich nicht, und ich glaube, diesmal fühlte ich 'Ich mache mich so verletzlich dir gegenüber, wie kannst du das zu mir sagen?' Wirklich, denn auf keinen Fall hätte ich mich entschieden, ein Kind allein ohne seine ständige Unterstützung zu haben. Sicher, da ich ein Kind habe und weiß, worauf ich mich einlasse, entscheide ich mich, ein zweites zu haben.

Laura: Worauf läßt du dich ein?

Liz: In der Nacht nicht schlafen, niemals allein ins Badezimmer gehen zu können, niemals Zeit zu haben, irgendetwas zu tun, wenn du etwas Energie hast, keine Zeit zum Lesen zu haben, keine Zeit, eine Person zu sein, außer eine Person mit deinen Kindern.

Laura: Es wäre so viel einfacher, lesbisch zu sein.

Liz: Ja, es wäre viel einfacher.

Jay: Du müßtest ja auch nicht schwanger sein.

Liz: Nun, wir haben dieses Kind geplant. Vielleicht will ich deshalb wütend mit ihm sein; vielleicht gibt es einen Teil in mir, der sagt, daß ich damit nichts zu tun zu haben brauche, wenn ich nicht mit ihm rede. Er geht ins Bett, ich bleibe auf und lese und gehe meine Post durch. Ich kann nicht allzu viel tun, aber irgendwie ist es, als hätte ich Zeit für mich selbst gestohlen, wenn ich nicht mit ihm rede. Wenigstens könnte ich die Zeit, die ich mit ihm gerade jetzt verbringen würde, für mich selbst haben.

Laura: Wolltest du dieses zweite Kind, oder ist es ein Zufall?

Liz: Nein, wir haben dieses Kind geplant. Ich bin auch sehr aufgeregt. Es gibt diese Seite auch. Aber weißt du, wir haben ein Zweijähriges. Es ist die Erinnerung daran, wie der erste Teil davon ist. Es ist nicht lange her. Und zwei ist zweimal die Arbeit von einem.
Ich fühle mich hundertprozentig besser. Ich fühle, daß ich nach Hause gehen und mit ihm reden kann. Natürlich weiß er nicht, wo ich heute bin. Ich sagte: 'Ich werde ihn nicht anrufen und ihm sagen, wo ich hingehe.' Er ging wahrscheinlich nach Hause und dachte: 'Ich werde zur Abwechslung mal etwas Ruhe und Frieden haben'.

Sam: Habt ihr beiden viel darüber geredet, daß ihr ein zweites Kind haben wollt?

Liz: Warum fragst du das?

Sam: Ich frage es, weil ich wissen will, ob das einer der Gründe ist, weshalb er jetzt nicht mit dir spricht. Ich hörte das Wort »Unterstützung« — Unterstützung — Unterstützung.

Liz: Ich glaube, was du da aufgreifst, ist wahrscheinlich das, was wir beide fühlen, daß wir nicht mit voller Kraft dabei sind, indem wir wirklich versuchen, für unsere Tochter da zu sein, und wirklich versuchen, für uns da zu sein und auch noch zu arbeiten und unser Leben zu führen. Und es sieht nicht so aus, als wenn da viel übrig bleibt. Und wenn du noch ein Kind hast und eine Menge mehr gibst, dann mußt du dich fragen, wieviel füreinander übrig bleibt. Ich glaube, wir fühlen das beide, deshalb kann es sein, daß wir beide ein Bedürfnis nach Liebe haben.

Laura: Du sprichst über Energie und daß du wahrscheinlich nicht genug haben wirst, und zur gleichen Zeit ist die Art und Weise, wie du dich aufrecht hältst, ein Weg, um dich der Energie zu berauben. Du sprichst darüber, viele Dinge zur gleichen Zeit tun zu müssen — weißt du, wenn ich so dasitze, habe ich mehr das Gefühl, daß ich mich zurückziehe und nichts tue (offensichtlich macht Laura ein wenig Arbeit an der Art und Weise, wie Liz sitzt).

Ann: Ich möchte das zurücknehmen, was ich darüber sagte, daß ich nichts hätte, woran ich arbeiten könnte. Ich möchte herausbekommen, was mit mir geschah. Ich sagte dir, daß ich berührt war, und du schautest zurück zu mir, und ich ließ dich etwas in mir berühren. Ich glaube, ich weiß, was es ist, aber ich bin mir nicht sicher. Ich lebe in einer neuen Stadt, und ich bin 50 Meilen weg von meinen Freunden, und ich arbeite in einer Klinik vor allem mit Leuten, die totkrank sind. Es ist sehr ergreifend, mit ihnen zu arbeiten, aber sie lassen sich nicht sehr berühren von mir. Physisch lassen sie mich ihre Hand halten, aber sie halten viel Distanz, und ich habe das Gefühl, ich bleibe meistens mit einer Lücke zurück. Und ich glaube, ich weiß nicht, was ich damit anfangen soll. Ich weiß nicht, wie ich mehr erreichen könnte, oder ob ich das nicht machen kann, ob ich einfach sagen sollte...

Laura: Für wen mußt du das tun, oder willst du das tun?

Ann: Ich bin nicht sicher. Das hört sich verwirrend an, denn ich habe meine Stützung nicht mehr. Die Leute, die mich unterstützen, sind nicht mehr bei mir, und es sind alles neue Leute, und ich möchte jemanden, der mich berührt, und ich möchte sie berühren, und dieser Austausch ist an diesem neuen Ort nicht vorhanden. Und ich fühle mich sehr unsicher, was ich tun soll.

Laura: Hast du andere Kontakte außerhalb der Klinik?

Ann: Ich bin dort erst seit zwei Monaten und...

Laura: Die Leute in der Klinik, sie sterben, und kümmern sich nicht so sehr um andere. Sie können dir nicht sehr viel geben, außer vielleicht ein Beispiel dafür, wie man dem Tode ins Angesicht sieht.

Ann: Sie wollen nicht viel von mir. Ich glaube, daß ist der andere Teil dabei.

Laura: Du möchtest gebraucht werden.

Ann: Ich glaube schon. Ich hab' vorher nicht daran gedacht, aber jetzt kommt mir das. Ich glaube, sie brauchen mich nicht sehr.

Laura: Wer braucht dich jetzt gerade am meisten?

Ann: Ich habe niemanden, der mich braucht. Außer mir habe ich niemanden, der mich gerade jetzt braucht.

Laura: Das ist schwierig, weißt du? Es ist etwas, was du dir wünschst, aber es ist nicht etwas, was du absolut notwendig hast. Ein Kind braucht es. Aufwachsende Kinder brauchen es. Man braucht es in bestimmten Augenblicken des Lebens.

Ann: Ich glaube, daß, wenn sich für mich alles ändert, so wie es kürzlich geschehen ist, fühle ich wieder, daß ich es brauche, denn ich hatte davon als Kind nicht viel. Deshalb fühle ich mich wieder bedürftig. Aber es ist gut, daran erinnert zu werden, daß ich es nicht in der gleichen Art und Weise brauche, wie früher.

Laura: Man hat dir auch gesagt, du brauchst es nicht, du hast doch alles?

Ann: Irgendetwas von dieser Art. Nein, nicht mit so vielen Worten, aber, ja.

Laura: Fange eine Reihe von Sätzen an mit »Ich brauche...«

Ann: Was mir als erstes bewußt wurde, war, daß ich Kontakt mit dir wollte. Ich möchte dich anschauen, ich wollte, daß du mich anschaust, ich möchte mit dir reden, ich möchte, daß du mir zuhörst und daß ich dich höre.

Laura: Brauchst du deine Brille die ganze Zeit?

Ann: Sehr, ich kann nichts sehen.

Laura: Nimm sie ab.

Ann: Abnehmen? OK. Ich weiß, du bist da, aber ich kann dein Gesicht nicht sehen.

Laura: Was mußt du tun, um mich wieder zu sehen?

Ann: Oh, ich muß nur näher rücken. OK. Jetzt kann ich dich sehen.

Laura: Laß deine Brille weg, wann immer du sie nicht absolut brauchst. Du greifst mit deinen Augen voraus. Das verlängert die Augenmuskeln, und du wirst immer kurzsichtiger. Schließ deine Augen, entspann' dich. Versuche das Gefühl zu bekommen, daß deine Augen zurück in deinen Kopf fallen. Wie atmest du?

Ann: Ein klein wenig flach.

Laura: Wenn du deine Augen öffnest, öffne sie sanft und laß herein, was immer kommt. Greif' nicht danach, was immer du siehst. Schließ' sie wieder. Fühlst du eine Spannung irgendwo?

Ann: Ein wenig hier und ein wenig da.

Laura: Wenn du das übertreiben könntest. Betone die Spannung um deine Augen herum und deine Wangen, deinen Mund. Ja. Wie fühlt sich das an?

Ann: Es fühlt sich an wie Weinen von irgendeiner Art. Ein wenig weinen.

Laura: Worüber hast du dich nicht weinen lassen?

Ann: Worüber lasse ich mich nicht weinen? Jetzt, als ich klein war oder als ich erwachsen wurde? Als ich klein war, wie unglücklich ich damals war! Das ist es, worüber ich nicht geweint habe, als ich klein war. Und ich habe nicht getrauert, wenn ich Menschen verloren habe.

Laura: Nun, Freud sagte schon, daß man die Trauerarbeit tun muß, und das geht mit Weinen, man weint über einen Verlust oder darüber, daß man nicht das bekommt oder hat, was man wünscht oder braucht. Deshalb weinen Kinder so viel, weil sie nichts anderes tun können, was immer sie auch brauchen. Erwachsene weinen, wenn sie jemanden verlieren, etwas oder eine Beziehung. Woran denkst du?

Ann: Ich denke an zwei oder drei Freunde, die ich verließ und die ich sehr vermisse.

Laura: Sprich jetzt zu einem deiner Freunde. Sag' ihm, wie du dich fühlst.

Ann: »Ich vermisse dich . . . so sehr (Weinen). Manchmal habe ich niemanden, mit dem ich über Dinge, die mich angehen, sprechen kann . . . ich habe keine Schulter, an der ich mich ausweinen kann — noch nicht. Ich habe niemanden, der seinen Arm um mich legt — noch nicht.« (Langes ruhiges Weinen). Ich glaube, wenn ich weine, fühlt es sich an, als ob ich aufhören würde, sie zu vermissen, und ich möchte nicht wirklich aufhören, sie zu vermissen, weil ich sie nicht vollständig aufgeben möchte. (Langes heftigeres Weinen) Wenn ich weine, weine ich aus meiner Haut, nicht nur einfach aus meinen Augen.

Laura: Wie fühlst du dich jetzt? Hör' auf deine Stimme.

Ann: Besser. Nicht so müde.

Laura (zur Gruppe): Irgendwelche Frage, irgendwelche Kommentare?... Wer möchte an einem Traum arbeiten?

Mara: Es ist ein wiederkehrender Traum darüber, daß ich in einem Zimmer bin.

Laura: Sag' es in der Gegenwart, »Ich bin...«

Mara: Ich bin in einem Zimmer, und das sind alles meine Papiere und Zeitschriften, und sie ersticken mich. Aber ich fürchte, daß ich ohne sie sterben werde und daß es kein Morgen geben wird, und ich weiß nicht, wie ich mich dagegen wehren kann zu ersticken, oder wie ich unter ihnen hervorkommen kann, oder was ich mit den Papieren und den Büchern anfangen kann, und es scheint immer mehr und mehr Bücher und Papiere zu geben.

Laura: Identifiziere dich mit den Papieren.

Mara: »Ja, ich bin die Papiere, die du vielleicht brauchst, um wieder diesen Kurs zu geben. Ich bin die Papiere, die du vielleicht brauchst, um ein Buch zu schreiben. Ich bin die Papiere, die du vielleicht brauchst, um sie den Patienten zum Lesen zu geben. Du kannst mich nicht wirklich loswerden.«

Laura: Was sagst du?

Mara: Daß ich feststecke. Daß ein Teil von mir da drunter vorkommen möchte, und ein Teil von mir ist wirklich erschrocken.

Laura: Mach' einen Dialog zwischen diesen beiden Teilen.

Mara: »Ich wäre gerne frei, ich würde gerne neu anfangen. Ich hätte gerne ein sauberes Zimmer und ein sauberes Büro.«
(als Papiere): »Du kannst ohne mich nicht auskommen. Du weißt nie, ob du mich nicht noch einmal brauchst. Oder du wirst immer etwas brauchen, um in Zukunft etwas zu tun zu haben, so daß du weißt, daß du überleben kannst. Du brauchst mich da bei dir.«
(als selbst): »Eigentlich brauche ich diese Papiere nicht. Ich bin erschrocken, aber ich würde mich gerne befreien, so daß ich aktiver sein kann, frei von diesen Papieren und von diesen vergangenen Erfahrungen.«

Laura: Du findest, daß du da drunter erstickst ...

Mara: Ja, unter dem Haufen.

Laura: So, was brauchst du mehr?

Mara: Freiraum — Luft —

Laura: Atmest du jetzt gerade?

Mara: Nicht viel (holt tief Atem). Ich gebe mir den Raum nicht.

Laura: Ja, du erstickst dich fast die ganze Zeit.

Mara: Ein Teil von mir fühlt sich von den Papieren geschützt, und ein anderer Teil fühlt sich erstickt.

Laura: Was schützen sie, deine Papiere?

Mara: Sie — ich habe meine kleinen Tiere, die ich jedes Mal mitnehme, wenn ich in die Klinik gehe, und dann überlebe ich. Und es ist so ähnlich, wenn da die Papiere sind. Sie sind ein Anzeichen dafür, daß ich morgen wiederkommen werde. Ich habe mich noch nicht darauf eingestellt, daß ich am Leben bleiben werde. Ich weiß, ich werde am Leben bleiben. Aber ich habe mich noch nicht darauf eingestellt. Die Papiere sind ein Anzeichen dafür, daß ich existiere, und ich will existieren ...

Laura: Wenn du den Traum ändern könntest, wie würdest du ihn ändern?

Mara: Der Traum ist auch Wirklichkeit. Wie würde ich ihn ändern? Kisten voller Material und alles lesen müssen, wofür ich sicher keine Zeit habe und niemals haben werde, daß irgendwie, wenn ich ohne sie existiere oder überlebe oder arbeite, daß ich irgendwie, obwohl ich sehr viel Angst habe, sogar daran zu denken, daß ich einfach nur die Kiste registriere, daß ich es unmöglich tun könnte. Ich weiß es nicht, es ist wirklich sehr gefährlich.

Laura: Und nun schaust du sie an, wirklich das erste Mal. Alle diese Papiere beschützen dich vor den Menschen.

Mara: Vor den Menschen?

Laura: Papiere, die du lesen kannst, mit denen du deine Zeit füllen kannst. Du kannst dich selbst mit ihnen umgeben, Wände von Papieren um dich herum bauen.

Mara: Aber ich tu das nicht wirklich, es ist wie wenn man Schlaftabletten im Medizinschrank hat, ohne sie jemals zu nutzen, zu nehmen.

Laura: Ah, du hast sie nur im Schrank...

Mara: Im Schrank — ja.

Laura: Sicherheit um jeden Preis, wenn du krank würdest.

Mara: Ich weiß nicht. Ich habe Fortschritte gemacht, und der medizinische Bericht über mich ist gut. Deshalb habe ich diese Verbindung weggewischt. Und ich sitze sicher nicht mit den Papieren da. Im Grunde bin ich die ganze Zeit mit Leuten zusammen. Eine meiner Entscheidungen ist, daß Schreiben eine einsame Tätigkeit ist und ich sie nicht tue.

Laura: Du bist ein Zimmer voller Papiere. Identifiziere dich damit.

Mara: Ich bin ein Zimmer voller Papiere? Oh Gott! Ich bin häßlich und schmutzig, und die meisten Leute sind nicht sehr scharf darauf, in dieses Zimmer zu gehen, und das regt meinen Mann sehr auf, und es regt auch mich auf, aber ich fühle mich darin gefangen.

Laura: Du *bist* es.

Mara: Ich bin das Zimmer mit den Papieren?

Laura: Was machst du gerade?

Mara: Nun, ich versuche, die Ahnung loszuwerden, daß es da etwas Geheimnisvolles gibt, das wachsen wird und mich eines Tages töten wird. Ich weiß, daß das nicht wirklich wahr ist, denn ich habe gute medizinische Untersuchungsergebnisse, und ich habe auch die Simonton-Technik gelernt, ABER, was mich erschreckt ist, daß ich die Technik nicht gut genug einsetzen werde, um zu überleben. Ich werde es nicht richtig machen — und ich habe es sogar mit ihnen so gemacht. Ich machte meine Zeichnungen und war dann erschrocken über sie und strich sie aus — daß ich nicht die richtige Bildvorstellung hätte, um gut zu arbeiten. Und das ist es wahrscheinlich, was mich daran hindert, diese Papiere loszuwerden.

Laura: Du versuchst, dem Bild, das du von dir selbst hast, entsprechend zu leben. Richtig zu sein und die Dinge auch so zu tun.

Mara: Nein, ich will nur am Leben bleiben.

Laura: Für immer?

Mara: Nein, für eine bestimmte Zeit lang, und ich gab die Verantwortung an die Medizin ab, und die Leute sagen mir, daß ich sie selbst übernehmen muß, ich selbst muß verantwortlich für mich sein — weißt du, diese holistische Medizin und so. Und das ist sehr riskant. Ich weiß, ich kann beides tun. Ich weiß auch, daß wenn die Bildvorstellungen nicht funktionieren, gibt es immer einen Arzt.

Laura: Ja, und man bleibt nicht am Leben, indem man daran arbeitet, am Leben zu bleiben.

Mara: Ich weiß das.

Laura: Du bleibst am Leben, indem du lebendigen Kontakt machst.

Mara: Ich habe sicher eine Menge Unterstützung und liebenswerte Menschen. Aber die meiste Zeit war ich viel im Krankenhaus, und die Papiere, die sind eine Schein-Sicherheit. Ich denke, irgendwie...

Laura: Was geht jetzt vor?

Mara: Ich möchte immer noch wissen, was mir geistigen Frieden geben kann, um aufzuräumen, um es freizügig zu tun und mich dabei gut zu fühlen.

Laura: Was fühlst du jetzt?

Mara: Ich bin immer noch ein wenig erschrocken.

Laura: Du atmest wieder sehr flach.

Mara: Ich sehe immer noch dieses Zimmer, und ich bin gespannt, wann ich mich ihm nähern werde, und was ich machen werde, wenn ich es tue.

Laura: Du grübelst ständig und machst dir Sorgen darüber, was du machen *wirst*, und was geschehen *wird*, und läßt auf diese Weise wahrscheinlich das aus, was zur gegenwärtigen Zeit verfügbar ist.

Mara: Außer, daß es diesmal besser war. Ich war weniger furchtsam, als ich den Arzt besuchte.

Laura: Die meisten Menschen denken immer an ihre Fassade, daß sie eine gute Fassade präsentieren müssen, daß sie richtig sein müssen. Aber es ist wirklich der Rücken, der die Unterstützung gibt, und der es möglich macht, die Unterstützung durch das Atmen aufrecht zu halten. *Backbone* (Rückgrat) und *guts* (Bauch), das ist wirklich das, was Mut genannt wird. Deshalb bin ich so erpicht auf die Koordination und Haltung, denn ihr fühlt euch sicherlich anders, wenn ihr im Rücken gerade seid und Raum zum Atmen habt und euch zusammenhalten könnt. Denkt nicht daran, daß ihr nur hier oben seid (Laura zeigt auf ihren Kopf), sondern daß ihr einen Körper habt, daß ihr ein Körper *seid.* Die englische Sprache sagt sehr schön: »Wenn du ein Körper (*body*) *bist*, bist du jemand (*somebody*).«

Mara: Ich hab' meinen Körper den Ärzten gegeben, und ich fordere ihn jetzt zurück. Ich nehme ihn jetzt einfach zurück...

Laura: Irgendwelche Fragen?

Dan: Ich habe eine. Mir wurde bewußt, daß es bei einer Zahl von Leuten, mit denen du gearbeitet hast, Handbewegungen gab, irgendetwas, was sie mit ihren Händen taten. Etwas, was im Hintergrund war und für mich Teil der Gestalt dessen war, was vor sich ging. Ich bin sicher, daß du dir ihrer auch bewußt warst, und ich wüßte gerne, wie du etwas auswählst, um es aus dem Hintergrund in den Vordergrund zu bringen? Ich arbeite sehr viel mehr mit dem Körper im Sinne von — 'Schau, was du jetzt tust, verändere es nicht, was sagt es dir vielleicht? usw.' — Und ich habe darüber nachgedacht, als du gearbeitet hast, ob du mehr mit dem gegangen bist, was gesagt wurde, als das, was aus dem Hintergrund hervortrat. Ich wüßte gerne, wie du darüber denkst.

Laura: Ich gehe mit dem, wovon ich glaube, daß man am leichtesten damit arbeiten kann. Ich hatte hier den Eindruck — und besonders mit ihr vorher — daß die Art, wie sie sich hielt und die Bewegungen, die sie machte oder nicht machte, daß dies nicht wirklich von Belang war.

Dan: Das ist ein gutes Konzept — wozu sie als nächstes bereit sind.

Laura: Deshalb dachte ich, daß es zu diesem Zeitpunkt nützlicher wäre, mit dem Traum zu arbeiten und dem Trauminhalt, und ich kam am Ende zum Körper.

Eve (zu Dan): Ich hatte einen Gedanken, teilweise für mich selbst, und ich möchte ihn dir auch sagen, nur soviel davon, was ich tat und die anderen Dinge, die vor sich gingen; die Ironie, die ich spüre und die ich bei dir sah, ist die Ironie, daß die Dinge, von denen wir glauben, daß sie uns unterstützen und aufrecht erhalten und Sicherheit geben, die Dinge sind, die uns zerstören. Und ich sehe, wie du diese Notizen machst und sie, wie sie den ganzen Tag versucht, dich daran zu hindern, und du schreibst immer mehr Seiten voll, und ich dachte darüber nach, was ich mit meinem Rücken getan habe, von dem ich glaubte, daß er mein Leben unterstützte, und mich unterstützte, und das ist es wirklich, was es mit der Zeit zerstörte.

Dan: Ich möchte sagen, daß ich das anerkenne, daß du damit herauskamst, wie du es tatst. Besonders, da du zuvor so kritisch zu sein schienst, und damit, daß du herauskamst und öffentlich etwas erforscht hast, wie dieses. Ich schätze dich dafür.

Laura (zu einem anderen Gruppenmitglied): Was ist mit dir los?

Len: Ich schätze dich wirklich, ich freue mich wirklich.

Laura: Das ist meistens schwer zu sehen. Du sitzt da, hast die ganze Zeit — und ich kann nicht umhin, es zu bemerken, weil du mir direkt gegenüber sitzt — einen düsteren Ausdruck auf deinem Gesicht. Oder keinen Ausdruck.

Len: Ich habe mich einfach darüber gefreut. Nur darüber gefreut, habe es hereingenommen, hab' darüber gestaunt. Ich geh' weg mit dem Gefühl, daß ich mit jemandem zusammen bin, der wirklich weiß, was er tut. Es ist so etwas wie Ehrfurcht.

Laura: Ich bin mir so sehr der Spannung in deinem Gesicht bewußt, die gelegentlich durch Lachen gelockert wird, wenn irgendetwas Lustiges passiert, irgendjemand etwas sagt. Brauchst *du* die Brille die ganze Zeit?

Len: Unglücklicherweise.

Laura: Komm etwas näher und nimm'sie ab. Laß mich dein Gesicht betrachten. Was siehst du jetzt?

Len: Immer noch ein wenig verwaschen, aber es ist besser.

Laura: Das kann nur besser werden, wenn du entspannst. Ich empfehle dir, daß du deine Augen schließt und sie zurückfallen läßt. Schließ' sie sanft; siehst du, du läßt sie jetzt zwinkern. Atme; laß deinen Mund lose; er ist so mit deinem Bart bedeckt, daß ich ihn kaum sehen kann. Aber da ist eine Menge Spannung. Wenn du deine Augen öffnest, öffne sie einfach sanft, und laß das hereinkommen, was hereinkommt. Greife nicht danach.

Len: Sols rotes Hemd. Dein Lächeln.

Laura: Du kannst ganz gut sehen.

Len: Das ist wirklich spannend. Weil, die Dinge sind wirklich klarer. Das ist ulkig. (Lachen)

Laura: Laß' sie weg, soviel wie möglich, wenn du sie nicht wirklich brauchst. Das ist natürlich eine Art von Wand; wenn du sie trägst, ist das eine Art von Wand. Es schafft Distanz.

Len: Ich muß zugeben, ich konnte sein Gesicht vorher kaum sehen, und es ist jetzt klarer.

Laura: Nun, wenn deine Augen entspannter sind, siehst du besser.

Len: Ich habe mich wirklich über dich gefreut.

Laura: Die meisten Leute, die nicht viel Erfahrung in Gestalt haben oder die ihre Art von Erfahrung in dem, was »West-Küsten-Gestalt« genannt wird, haben, schätzen die Kleinarbeit nicht, und ich finde, daß es besser assimiliert werden kann und daher besser anhält.

Len: Einfach dadurch, daß ich gesehen habe, wie du mit anderen Menschen arbeitest, hatte ich eine Einsicht über mich selbst, über einige Dinge, die ich loslassen muß, und ich glaube, es ist immer noch Spannung da, weil sie bearbeitet werden müssen. Aber ich denke, ich weiß, was ich zu tun habe, und ich glaube, das fühlt sich besser an.

Laura: Und du sprichst in einer »Sollte«-Sprache, 'ich weiß, was ich zu tun habe.'

Len: Ich will es tun, ich will es wirklich tun, nur wird es nicht sehr angenehm sein.

Laura: Du siehst jetzt ganz anders aus.

Len: Es wird klarer. (Lachen)

Hal: Willst du an einem verrückten Kindheitstraum arbeiten, den ich habe?

Laura: Ja.

Hal: Es ist gut, wieder mit dir zu arbeiten, Laura. Ich hatte einen Traum vor ein oder zwei Nächten, und ich erinnere mich jetzt nicht so sehr daran wie vorher. Ich gehe auf der Straße, und ich sehe die größten, fettesten, dicksten, höchsten Unkräuter, die ich je in meinem Leben gesehen habe. Die Straße ist voll von ihnen, und sie sind alle purpurrot. Die Leute rennen vor ihnen weg, und ich spaziere in die Richtung, von wo aus sie wegrennen. Ich komme jetzt gerade um die Ecke eines Gebäudes, da ist der Teil eines Körpers, und ich kann nur den unteren Teil sehen wie ein Bein, und ich fange an, nach oben zu schauen, und es ist ein purpurrotes Monster. Ich hatte keinen Monstertraum, seit ich ein ganz kleiner Junge war, und ich bin jetzt 56 Jahre alt, und es ist das größte, dickste, fetteste, häßlichste Monster, das ich je gesehen habe, und es war in solidem Purpurrot. Ich bekomme sehr viel Angst, das ist alles, woran ich mich erinnere.

Laura: Sei das Monster.

Hal: Du willst, daß ich aufstehe und das Monster bin? Du meinst, daß ich das Monster spielen soll? »YAHHHHHHHHHHH! Ich kann töten. Ich habe die Macht, zu töten. Ich bin ein purpurrotes Monster und ich werde dich auffressen. AGHHHHHHH!!!

Laura: Wie fühlst du dich als Monster?

Hal: Erschrocken, sehr erschrocken. Ich fühle es hier drin, ich fühle es jetzt gerade in meinem Magen. Es ist mein Ärger. Ich habe sehr viel Angst davor. Er ist sehr mächtig.

Laura: Auf wen bist du ärgerlich?

Hal: Wo anfangen? Hier und jetzt will ich meine Hände verbergen.

Laura: Andernfalls, könntest du was tun...

Hal: Erwürgen, schlagen, töten, wütend auf meine Frau sein, wütend auf meine Kinder sein, sehr wütend. Ich denke gerade an die Unkräuter, die in meinem Garten wachsen.

Laura: Sei die Unkräuter.

Hal: »Wir sind häßlich, häßliche Unkräuter. Scheiß' auf deinen großartigen Garten. Du hast so viel Geld ausgegeben und so viel Zeit darauf verwendet, und so viel Mühe in deinen wunderschönen Garten gesteckt, und wir scheißen drauf, weil uns niemand herausreißen will. Sieh, wie häßlich dein Garten jetzt aussieht. Dein schönes Shangri-la ist häßlich, voller häßlicher Unkräuter.« Das Haus, das ich vor zwei Jahren kaufte und das ich verkaufen will, ist wirklich voller Unkräuter, weil sich niemand darum kümmert.

Laura: Was tust du?

Hal: Viel leiden. Ich werde diese Scheiß-Unkräuter nicht herausziehen. Verkaufe das Haus. Ich habe keine Zeit, mich um Unkräuter zu kümmern; ich mag nicht mehr. Das Haus hat nicht den Zweck erfüllt, für den ich es wollte. Ich denke daran, wie aufgebracht viele der Leute sind, die um Hilfe zu mir kommen. Kommen mit einem Kopf voller Unkraut, und wir ziehen die Unkräuter heraus, und dann hast du nackte Erde, und es fühlt sich an, als ob es leer ist, aber du mußt warten, bis die Blumen wachsen, und das braucht Zeit.

Laura: Wem sagst du das?

Hal: Weil ich meine Frau verließ, am Anfang des Sommers.

Laura: Deshalb kannst du nicht wütend auf sie sein?

Hal: Oh, ich kann sehr wütend auf sie werden. Auf meine Kinder kann ich nicht wütend werden.

Laura: Mache einen Dialog mit deinen Kindern, gerade jetzt. Nimm' deine Hände aus den Taschen.

Hal: »Ich bin so verdammt durcheinander wegen euch allen. Auf der einen Seite sagt ihr, ihr verurteilt mich nicht; aber was ihr macht, ist, ihr macht so viel Lärm, daß ich nicht höre, was ihr sagt. Ich sehe, was ihr ständig tut. Ihr fällt Urteile. Ich werde von euch angeschissen. Ich glaube, ich bin angeschissen.

Laura: Versuch' zu spüren, wie du das sagst und welche Haltung du dabei einnimmst.

Hal: Ich halte an mich. Ich halte meine Finger auseinandergespreizt.

Laura: Hört dir jemand zu?

Hal: Und jammere. Wer kann auf jemanden hören, der jammert.

Laura: Steh auf.

Hal: Uh. Ich erinnere mich, daß mich meine Mutter Bulldogge nannte, wenn ich wütend wurde: »Bulldogge, worüber bist du wütend?«

»Scheißwütend auf euch Kinder, weil ihr so dämlich seid, euch zu entschließen, nur eine Seite der Geschichte zu glauben, denn ich halte meinen Mund, hielt meinen Mund viele Jahre lang«. Großer Gag in unserer Familie: Jeder sieht Hal, der wütend im Hinterhof ist, aber niemand sieht Hal, der in der Küche die ganze Scheiße abbekam und dem dann gesagt wurde »Worüber bist du wütend? Halt deinen Mund, du klingst wie eine Bulldogge.« Ich fühle mich wie ein Jammerlappen.

Laura: Kannst du mit deiner Mutter zanken? Gib's ihr zurück. Du bist die Bulldogge.

Hal: »YAGHHHHHHH! Verdammt! Ich fühl' mich so verdammt wütend. Ich könnte wirklich zum Menschenfresser werden, ich bin so verdammt wütend auf euch alle. Ihr haltet mir Sachen vor, gegen die ich nicht ankämpfen kann, und ihr sagt Sachen zu mir wie 'Du bist oft wütend. Aber wenn wir dir alle nicht glauben, was für eine Rolle spielst du dann?' Verdammte Kinder! Ich habe ein Vermögen für eure Therapie bezahlt, und ihr gebt mir diese Scheiße zurück.«

Laura: Was erwartest du? (Lachen)

Hal: Gott, was bin ich wütend! Ich fühl' mich so ohnmächtig, irgendetwas zu tun.

Laura: Was erwartetest du von der Therapie für deine Kinder? Daß sie nett und ruhig sein sollten?

Hal: Sie sollten ihren Vater respektieren. Ich glaube, ich erwartete von ihnen, daß sie wenigstens zu mir kämen und sagen würden »Pappi, was ist deine Sicht von der Geschichte? Pappi, was ist passiert in all den Jahren?«

Laura: Du willst, daß sie sind wie du, verständnisvoll und ruhig und interessiert; und wieder willst du die Konfluenz.

Hal: Sie sind nicht so wie ich; sie müssen sein, was sie sind.

Laura: Weißt du, als ich 23 oder 24 war, lernte ich etwas bei meiner ersten Analytikerin: Aggressive Menschen muß man mit ihren eigenen Waffen schlagen. Wenn sie garstig oder laut zu dir sind ...

Hal: Gewöhnlich kann ich das bei den meisten Menschen, aber ich mag es nicht mit meinen eigenen Kindern tun.

Laura: Wovor fürchtest du dich?

Hal: Ich habe große Angst, daß sie mich verlassen. Ich werde meine Enkelkinder verlieren.

Laura: Sie werden dich nicht verlassen, solange sie dich brauchen.

Hal: Ich weiß, daß das wahr ist, ich weiß es. Ich hatte den Traum vor diesem Wochenende, und ich habe in einem Workshop, den ich Freitag/Samstag besuchte, bevor wir hierher kamen, ein Stück daran gearbeitet, und ich weiß, ich muß mich ihnen stellen. Ich weiß das. Ich weiß, ich muß mich ihnen mit meinem Ärger stellen; selbst, wenn es zu nichts führt, werde ich mich besser fühlen.

Laura: Wenn du ihn nicht dann ausdrückst, wenn etwas geschieht, was dich wütend macht, häufst du eine Menge Groll an, eine Menge *unfinished business*, und du vergiftest dich.

Hal: Das ist wahr. Mir wird klar, daß ich der purpurrote Menschenfresser bin, den Teil von mir sehe ich. Ich weiß nicht, welcher Teil von mir die Unkräuter sind, die purpurroten Unkräuter.

Laura: Sei ein Unkraut. Wie fühlst du dich?

Hal: Ich stecke! Stecke fest im Boden, kann mich nicht bewegen. OK. Ich kapier'. Ich danke dir.

Laura: OK. Unsere Zeit ist wohl um.

XV

Leben an der Grenze

— Ein Gespräch mit Milan Sreckovic —

Milan: Du sagst, daß die Grundkonzepte der Gestalttherapie eher philosophisch und ästhetisch als technisch seien.

Laura: Ich will damit hauptsächlich den verbreiteten Mißverständnissen widersprechen, die die Gestalttherapie nur als eine technische Modalität betrachten. Was dabei übersehen wird, ist, daß die Gestalttherapie einen philosophischen Bezugsrahmen bietet, innerhalb dessen verschiedenste therapeutische Techniken angewendet werden können.

Milan: Meinst du mit dem philosophischen Rahmen die drei E's?

Laura: Ja (Lachen): *existential, experiental, experimental.* Gestalttherapie ist ein existenziell-phänomenologischer Ansatz und als solcher erfahrungsbezogen und experimentell.

Ich gehe aber auch von dem griechischen Sprachgebrauch aus: *aisthesthai* heißt: wahrnehmen, und das ist ein mittlerer Modus *(middle mode),* d.h. die grammatikalische Form ist passiv, hat aber auch eine aktive Bedeutung. So ist das Wahrnehmen beides — aktiv und passiv. Neulich arbeitete ich mit einer Griechin, die sofort wußte, wovon ich sprach. Eine Gelegenheit wahrnehmen, heißt nicht nur sehen, sondern auch handeln.

Milan: So kommst du zu Friedländers Konzept der schöpferischen Indifferenz.

Laura: Oder auch Freuds freischwebender Aufmerksamkeit.

Ja, schöpferische Indifferenz ist ein mittlerer Modus. Von diesem Nullpunkt aus kann ich mich, je nach Interesse und Situation, in beide Richtungen der Differenzierung bewegen — Zen-Leute wissen das.

Milan: Bei der Entwicklung der Gestalttherapie spielte Friedländers Einfluß auf euch eine wichtige Rolle...

Laura: Für Fritz wesentlich mehr als für mich.

Milan: Du warst wohl mehr von Martin Buber und Paul Tillich beeinflußt, deren Studentin du ja in Frankfurt warst. Wie schätzt du ihre Bedeutung für deine professionelle Entwicklung ein?

Laura: Ja, das Bedeutende mit den beiden ist der Dialog, das Gespräch mit dem, der angesprochen wird. Die beiden haben nicht von oben diktiert, sondern sind den anderen im Wechselspiel miteinander — von Mensch zu Mensch — begegnet. In ihren Vorlesungen fühlte sich jeder angesprochen. Ich habe mehr aus der Begegnung mit den beiden als aus ihren Schriften gelernt. Ihre Art zu sein, ihre Präsenz und ihr Respekt für die anderen haben mich tief beeindruckt. *They influenced me more than any psychologist.*

Milan: Du sagtest vorhin, daß die Gestalttherapie häufig mißverstanden wird...

Laura: Ja, auch von vielen, die sich Gestalttherapeuten nennen.

Milan: Ich sehe das auch in bezug auf die dialogische Dimension der Gestalttherapie. Für manche gilt der Slogan *»I do my thing and you do your thing«* als Bezugsrahmen ihres therapeutischen Handelns, wobei die Betonung ausschließlich auf die Verantwortung für's eigene Sein gelegt wird und die soziale Mitverantwortung, d.h. die interpersonelle Begegnung — das, was Buber »Dazwischen« nannte, — vernachlässigt wird.

Laura: Ja, genau. Hier halten sich Therapeuten in ihrer Arroganz aus der persönlichen Beziehung heraus...

Milan: Ich würde auch Ignoranz sagen.

Laura: ...und das Dirigieren der Geschehnisse von oben. Da wird der Patient eher zum Objekt gemacht als zum Mitspieler im Dialog. Das ist aber nicht die Therapie, die ich meine.

Milan: Wie ist die?

Laura: Ich erfahre mich in der Therapie mit dem einzelnen und auch in Gruppen nicht als Leiterin, sondern mehr als Facilitator, mit jedem einzelnen in unterschiedlicher Weise. Manchmal zitiere ich Goethe oder erzähle eine Zen-Geschichte, wenn ich denke, daß ich damit die anderen erreiche.
Ich arbeite auch mit Körperwahrnehmung, mit Haltung, Koordination, Atmung, Bewegung, Gesichtsausdruck, Stimme, Sprachgewohnheiten, auch mit Träumen und Phantasien, um die Wiederaneignung bzw. die Identifizierung der Klienten mit entfremdeten, unentwickelten Aspekten ihrer Persönlichkeit zu fördern.

Milan: Und damit die Entwicklung der nicht oder wenig verfügbaren Kontaktfunktionen zu fördern?

Laura: Ja. Für mich ist es dabei wichtig, keine therapeutische Rolle zu spielen, sondern den Klienten so zu begegnen, wie ich im Augenblick bin: mich mit meinem Hintergrund, mit allem, was mir an Erfahrung, Wissen und Geschick zur Verfügung steht, in der gegebenen Situation in den Dienst des Dialogs, der Begegnung zu stellen.

Milan: In Gestaltkreisen wird weniger vom Dialog oder der Begegnung als mehr vom Kontakt gesprochen.

Laura: Was Buber 'Begegnung' nannte, nennen wir Kontakt, d.h. die Wahrnehmung und Auseinandersetzung mit den anderen als den anderen.

Milan: Kontakt findet an einer Grenze statt...

Laura: Ich mache Kontakt *an der Grenze* zwischen mir und dem anderen an dem Ort der Berührung und der Trennung.

Milan: Kontakt ist also eine Aktivität mit einem Rhythmus von Berühren und Loslassen, wobei die Kontaktgrenze sozusagen eine Abstraktion dieser Prozesse ist?

Laura: Ja, ich nehme Kontakt auf, indem ich dich zur Kenntnis nehme und mich mit dir *auseinandersetze* — hier zeigt die deutsche Sprache sehr zutreffend die Bedeutung der Kontaktgrenze — und indem ich uns in Aktion erlebe. Ja, das ist ein Hin- und Herschwingen zwischen »Ich« und »Du«. Die Kontaktgrenze ist die Zone der Erregung, des Interesses und der Neugier, aber auch der Unsicherheit, der Furcht und der Feindseligkeit.

Milan: Paul Tillich schrieb, daß die Grenze der eigentlich fruchtbare Ort der Erkenntnis sei.

Laura: Ja, die Erfahrung, die Erkenntnis findet an der Kontaktgrenze statt, wo »Du« und »Ich« einander begegnen. An der Kontaktgrenze tritt das vormals nicht oder nur undeutlich Erfahrene in den Vordergrund als prägnante Gestalt. Die frei fließende Gestaltbildung ist identisch mit der schöpferischen Entwicklung von Person und Beziehung.

Milan: Das Konzept der Gestaltbildung und -zerstörung stammt ja aus einer weiteren Quelle der Gestalttherapie: der Gestaltpsychologie, deren Bedeutung für die Gestalttherapie in der Literatur widersprüchlich eingeschätzt wird.[1]

Laura: Du weißt, ich war zuerst Gestaltpsychologin, bevor ich mit der Analyse anfing. Ich studierte bei Belb, der auch mein Doktorvater war, und bei Wertheimer auch.

Milan: Das war von 1926 bis 1930?

Laura: Ja. Ich hörte Wertheimers Vorlesungen über das produktive Denken, und Goldstein sprach von seinem organismischen Konzept. Damals nahm ich auch an Gelb-Goldstein-Seminaren teil.

Milan: Hast du dabei nicht Fritz Perls kennengelernt?

Laura: Ja, er war zu der Zeit einer von Goldsteins Assistenten. Diese Erfahrungen wurden richtungsweisend für die Entwicklung der Gestalttherapie.

Ganz wesentliche Formulierungen der Gestaltpsychologie sind ja grundlegend für die ganze Sprache der Gestalttherapie: Figur-Grund, die fortlaufende Gestaltbildung, Wertheimers »Einsicht«, das »Aha-Erlebnis« — sein *Produktives Denken*[2] empfehle ich immer allen ernsthafen Studenten der Gestalttherapie —, Ganz-

---

1 Siehe Portele, H.: Gestalt-Theorie, Gestalttherapie und Theorien der Selbstorganisation. In: Gestalttherapie 1/1987, S. 25-29.

2 Wertheimer, M.: Produktives Denken, Frankfurt 1964

heitsbegriff... dann Einfluß des Interesses für die Gestaltbildung...

Milan: Aufforderungscharakter...

Laura: Ja, das kommt von Lewin.

Milan: Die Aufforderungscharaktere, d.h. die anziehenden und abstoßenden Kräfte im Organismus / Umwelt-Feld haben auch etwas damit zu tun, wie ich meinen »Lebensraum«, meine »Realität« sozusagen definiere.

Laura: Ja, die Realität an sich, wenn es eine solche gibt, ist für die Gestalttherapie nicht von Belang, um so mehr die jeweils spezifische »subjektive« Realität, wobei das jeweilig gegebene Interesse ein wichtiger Faktor ist. *Die Realität ist, was ist. Was ist, ist in der Gegenwart.* Die Vergangenheit existiert in der Gegenwart als Erinnerung, Geschichte, Nostalgie oder Ressentiment — die Zukunft als Erwartung, Hoffnung, Plan usw. *Das Erleben in der Gegenwart macht meine Realität aus.*

Milan: Die Realität als erlebte Realität und keine Tatsache?

Laura: Ja. Das hat freilich mit dem freudschen Realitätsprinzip wenig zu tun.

Milan: ...wobei die Psychoanalyse einen weiteren maßgebenden Einfluß auf die Entwicklung der Gestalttherapie hatte.

Laura: Fritz und ich hatten viele Jahre Psychoanalyse praktiziert, bevor die Gestalttherapie begründet wurde. Unsere Umorientierung von der analytischen zu der existenziell-phänomenologischen Betrachtungsweise ist ja in *Ego, Hunger and Aggression* [3] dokumentiert.

Milan: Welche Konzepte der Psychoanalyse betrachtest du als wichtig für die Gestalttherapie?

Laura: Nicht so sehr irgendwelche Konzepte — wir haben unsere eigenen. Aber die Kenntnis der psychoanalytischen Theorien halte ich

[3] Perls, F.S.: Ego, Hunger and Aggression. Johannesburg 1943, London 1947; deutsch: Das Ich, der Hunger and die Aggression. Stuttgart 1978.

als Grundlage für jede therapeutische Orientierung für wichtig. *Wir alle kommen von Freud.*

Milan: Was du, Fritz Perls, Paul Goodman und andere an dem eben erwähnten Realitätsprinzip kritisiert habt, ist, daß Freud die Bedeutung der organismischen Selbstregulierung nicht erkannt und um so mehr die Regulierung durch die »Kultur« betont hat.

Laura: Ja, Goldstein und Reich waren diejenigen, die uns hierzu am stärksten beeinflußt haben.

Milan: Reichs Theorie der organismischen Selbstregulierung und Goldsteins holistische Theorie der organismischen Selbstverwirklichung...

Laura: ... sind integriert *im Postulat der Wahrnehmungskontinuität, der sich frei entwickelnden Gestaltbildung.*

Milan: und -zerstörung?

Laura: Ja. Wichtig bei der Selbstregulierung ist, daß es sich hier nicht nur um die Bedürfnisbefriedigung, Erhaltung also, sondern auch um Wachstumsprozesse handelt. *Ich erhalte mich, indem ich wachse.*

Milan: Du sprichst jetzt von der schöpferischen Anpassung im Organismus / Umwelt-Feld?

Laura: Genau. Es handelt sich um den frei fließenden Gestaltbildungs- und zerstörungsprozeß, wobei alles, was gerade von größtem Interesse und größter Bedeutung für den einzelnen, die Beziehung oder die Gruppe ist, zur Figur wird. So ist es möglich, damit in Berührung, in Kontakt zu treten und sich damit auseinanderzusetzen, so daß es dann im Hintergrund verschmelzen kann, wo es assimiliert und integriert wird. So wird der Vordergrund frei für die nächste wichtige Figur.

Milan: Alles voll Integrierte wird so zum organismischen Hintergrund?

Laura: Ja, der der Erregung, der jeweiligen Grenzerlebnisse Stütze (*support*) und der jeweiligen Gestalt die Bedeutung verleiht.
Heute wird viel von der Selbstregulierung gesprochen. Ja, was aber realisiert wird, ist nicht das Selbst, sondern was ist. Das Selbst ist die integrierende Funktion.

Milan: Im theoretischen Teil von *Gestalttherapie*[4] wird das Selbst als ein System der ständig neuen Kontakte oder als die Kontaktgrenze in Tätigkeit definiert, wobei der prozessuale Charakter, des Selbst, betont wird. Andere Autoren[5] definieren das Selbst als den Kern der Gesamtpersönlichkeit. Hier stellt sich für mich die Frage nach der Kontinuität und der Konsistenz des Selbst. Was ist deine Meinung dazu?

Laura: Für mich ist das Selbst viel mehr als System der Kontakte oder Kontaktgrenze in Tätigkeit: *Das Selbst ist der fundamentale Akt der Integration.*

Milan: Und das »Ich« als Indentifizierungs- / Entfremdungsfunktion fundamentaler Akt der Kontaktprozesse?

Laura: Ja, Ich-Funktionen sind temporär. Das Selbst ist immer Prozessen unterworfen, in denen es wachsen kann. Das Selbst entwickelt sich und hat eine Kontinuität. Ich bin noch dieselbe, die ich als kleines Kind war — mit all meinen Erinnerungen und Erlebnissen. Ich sehe sowohl die Kontinuität als auch die Konsistenz des Selbst in jedem gegebenen Augenblick des Lebens oder des Wachstums.

Milan: Leben heißt wachsen?

Laura: Ja, das Selbst entwickelt sich, indem die Kontaktfunktionen unbehindert verlaufen, d.h. indem genug Stütze (*support*) für die jeweiligen Grenzerlebnisse verfügbar ist.

Milan: Die Beziehung zwischen diesen Grenzerlebnissen und der Stütze (*support*) ist also gleichzusetzen mit der Figur-Hintergrund-Beziehung?

Laura: Ja. *Kontakt als Grenzphänomen ist nur in dem Ausmaß möglich, in welchem die Stütze (support) dafür verfügbar ist.* Die Stütze (*support*) ist mein gesamter mir zur Verfügung stehender Hintergrund, wogegen meine gegenwärtige Erfahrung eine bedeutungs-

---

4 Perls, F.S./Hefferline, R./Goodman, P.: Gestalt Therapy. New York 1951; deutsch: Gestalt-Therapie, Stuttgart 1979.

5 Siehe u.a. Tobin, S.: Self-Disorders, Gestalt-Therapy and Self Psychology. In: The Gestalt Journal, 2/1982, S. 3-44.

haltige Figur bildet. Die Beziehung dieser Figur, des Kontaktes also, zur Stütze (*support*) oder dem Hintergrund macht Bedeutung aus.

Milan: Die Stütze (*support*) fördert die Entwicklung der Selbst-Funktionen?

Laura: Ja, die Stütze (*support*) ist alles, was Integrationsprozesse eines einzelnen, einer Beziehung oder Gruppe fördert, z.B. primäre Physiologie (z.B. Atmung), Haltung, Koordination usw., alles, was ich gelernt und erlebt habe und worauf ich mich verlasse.

Da ist eine ganze Skala von Koordinationen oder Fehlkoordinationen zwischen Stütze (*support*) und Kontaktfunktionen. Das geht von der Unsicherheit und Verlegenheit bis zur Panik. *Die Angst würde ich als Mangel an wesentlicher Stütze (support) definieren, die als Gefühl der äußersten Unsicherheit und Verlassenheit erlebt wird.*

Milan: Welche Implikationen hat diese Definition der Angst für dich in der konkreten Therapiesituation?

Laura: Ich dränge nicht auf Veränderung, sondern schlage ihm vor, herauszufinden, wie er sich der Stütze (*support*) beraubt oder sie nicht zuläßt; d.h. die Fixierungen, Verkrampfungen, Verspannungen und automatischen Gewohnheiten zulassen und eher übertreiben und sie damit wieder zugänglich als eigene Aktivitäten in den Vordergrund rücken.

Milan: Welchen Stellenwert spielen für dich dabei diagnostische Überlegungen?

Laura: Ich achte bei der Arbeit auf Vorhandensein oder Mangel an Stütze (*support*) bei Klienten und mir, und nicht auf Etiketten. Etikettieren verursacht zum größten Teil Vorurteile.

Milan: Häufig höre ich die Kritik, daß Gestalttherapie nicht oder unzureichend über eine praxisgerechte diagnostische Methode verfügt.

Laura: Es gibt sie im klassischen Sinne vielleicht auch noch nicht. Obwohl die Kenntnisse über die möglichen Kontaktstörungen oder Kontaktfunktionen-Stütze (*support*)-Beziehungen eine Orientierung geben können ... Auch die Wahrnehmungskontinuumskala — von der Nichtwahrnehmung bis zur Erleuchtung.

Wie ich in der Therapie vorgehe, richtet sich auch danach, wieviel Kontakt mit dem Klienten möglich ist. Wenn ich jemanden kaum oder wenig kenne, gehe ich ganz von der Oberfläche aus — was ich sehe, was ich wahrnehme —, und dann schaue ich, wie und ob der Klient das auch wahrnimmt. Ich gehe immer von der momentanen Situation aus und achte darauf, welche Stützen (*support*) für Klienten verfügbar sind und welche nicht. *Für mich ist dabei wichtig, wie der Klient seine eigene organismische Selbstregulierung (Atmung, Kreislauf etc.) durch Muskelverspannungen unterbricht, wie er die Wirksamkeit seiner Kommunikationen durch die fixierten Sprach- und Verhaltensgewohnheiten verringert.*

Milan: Das klingt nach Widerstandsanalyse.

Laura: (Lachen) Ich benutze den Begriff des Widerstandes aber in meiner Arbeit kaum. Ja, Widerstand wird ursprünglich als Stütze für etwas erworben und gebildet. Wozu war es gut? Wozu ist es jetzt gut? Ist es jetzt noch brauchbar?

Milan: Widerstand als Beistand?

Laura: Ja, *as assistance for something.* Widerstand kann benutzt werden. Da ist eine Menge Energie investiert, die umorganisiert werden kann, falls die Situation dies erfordert. Also einfach den Widerstand zu durchbrechen, hat häufig negative therapeutische Resultate — und der sogenannte Durchbruch ist dann ein Zusammenbruch.

Milan: Was machst du?

Laura: Was ich zu tun vorschlage ist: *entautomatisieren,* d.h. diese sekundären Automatismen oder fixierten Gestalten in den Vordergrund bringen, wo sie zur Figur werden, und dies wieder in eine Bewegungs-, eine Verhaltensgestalt verwandeln, wofür dann der Klient die Verantwortung übernehmen kann. Durch die fixierten Gestalten wird das Grenzerleben verwischt oder gar ganz ausgelöscht.

Milan: So sind habituelle »neurotische« Kontaktstörungen oder -unterbrechungen als Aspekte der gestörten Grenzfunktionen zu sehen?

Laura: Ja, z.B. Muskelspannungen, die Reich als Charakterpanzerung erkannt hat. Jeder Widerstand oder jede Restriktion ist auch muskulär. Was ich also in der Therapie versuche, ist, die Fertigkeiten und Fähigkeiten der Klienten zu fördern, *an der Grenze* und nicht immer innerhalb einer fixierten Grenze zu leben.

Milan: Wie siehst du die Bedeutung der Konzepte Übertragung und Gegenübertragung für die Gestalttherapie?

Laura: Sehr wenig Bedeutung. Ich nehme die wirkliche Beziehung zum Ausgangspunkt unserer Arbeit.

Milan: In der analytischen Psychologie C.G. Jungs wird die Übertragungs- und Gegenübertragungsproblematik unter dem Aspekt der Projektion behandelt. Über Projektion, bzw. das Projizieren wurde in der Literatur zur Gestalttherapie ausführlich diskutiert.

Laura: Ja, und was projiziert oder übertragen wird, sind ja nicht die Eltern oder die anderen Autoritäten, sondern Erlebnis- und Verhaltensweisen, die in der Beziehung zu anderen damals erworben wurden.

Milan: ... und in der aktuellen Situation im Sinne der starken unabgeschlossenen Situationen noch wirksam sind.

Laura: Ja, und die kann ich direkt angehen in unserer Beziehung, hier und jetzt: So ist etwas Wirkliches da, und erst dann kommen die Erinnerungen, die dann durchgearbeitet werden können. Ich brauche nicht in den Erinnerungen in langen Anamnesen zu graben. — *Das Wichtige wird zur Figur in unserem Dialog.*

Das gleiche Problem trifft natürlich auch die Therapeuten. Da ist es wichtig, selbstkritisch zu bleiben. Die unmittelbare Beziehung in der Therapie braucht ihren Raum. Wenn sie zu sehr von eigenen Belastungen seitens des Therapeuten gestört wird, ... ja, dazu gibt es dann die eigene Therapie, Supervision oder kollegiale Gruppen. Das sollte man ständig praktizieren und nicht nur während der Ausbildung.

Milan: Willst du etwas über die Ausbildung in der Gestalttherapie sagen?

Laura: Allgemein möchte ich dazu sagen, daß, je breiter der Bildungs- und Erfahrungshorizont der Therapeuten ist, desto effektiver können sie mit verschiedensten Menschen arbeiten. Ich halte aber wenig von der gegenwärtig vorherrschenden Spezialisierung: *Alle möglichen Techniken für die Trickkiste zu lernen ist nicht das, was ich als eine gute Ausbildung sehe.* In Psychologenkreisen vermisse ich heute Personen, die z.B. künstlerisch, literarisch, historisch oder anthropologisch interessiert sind. Heute sind mehr Spezialisten gefragt. Die Spezialisierung erfolgt zu früh und nicht gestützt von der Allgemeinbildung.

Milan: Was ist deiner Meinung nach wesentlich für eine fundierte Ausbildung?

Laura: Das Wichtigste dabei ist für mich die eigene Therapie — die tatsächliche Erfahrung. Das Darüber-Reden oder das Lesen reichen nicht aus. Das war schon in der Psychoanalyse anerkannt.

Milan: Ja, auf Anregung von Jung, der schwere Beziehungsverstrickungen mit einigen Patientinnen hatte, führte Freud die Lehranalyse ein.

Laura: Ja, man muß unbedingt durch die eigene Therapie gehen — als Grundlage für alles Weitere. Und erst dann kann man sich entscheiden oder erkennen, ob man sich für diesen Beruf eignet oder nicht.

Die Selbsterfahrung ist die Grundlage der Ausbildung.

Milan: Welchen Stellenwert hat für dich die Vermittlung der Theorie dabei?

Laura: Ich oszilliere dauernd zwischen Praxis und Theorie — zuerst die Erfahrung und dann das Durcharbeiten: Was haben wir in dieser Stunde oder mit dieser Person gemacht? Ich halte theoretische Auseinandersetzung auch für sehr wichtig. Häufig wird entweder die Theorie oder die Selbsterfahrung überbetont. — Theorie oder Praxis, das ist eine künstliche Dichotomie eines Ganzheitsprozesses. Für mich gehört beides zusammen.

Milan: Ich wundere mich über das verbreitete Theoriedesinteresse.

Laura: *Gestalttherapie* wurde für eine professionelle Leserschaft geschrieben. *For peers rather than for kids. Gestalt Therapy is not a one-track-thing.*

Milan: Im theoretischen Teil hat Paul Goodman die Konzepte, die du, Fritz Perls und er konzipiert habt, zu einer Theorie formuliert...

Laura: Ja, wir haben die Inhalte zusammen konzipiert. *Everything was talked over.*

Die Grundkonzepte haben Fritz und ich, noch bevor wir Paul trafen, entwickelt. *Aber die wären nie in einer kohärenten Theorie so formuliert, wenn er es nicht getan hätte.* Paul hatte einen breiten philosophischen, literarischen und soziologischen Hintergrund und war für mich immer eine Inspiration. Seine Bedeutung für Gestalttherapie wird bis heute von vielen unterschätzt.

Milan: Wie stehst du heute dazu, daß du nicht als Ko-Autorin genannt wurdest, obwohl — wie Paul Goodman betonte — du einen Beitrag zu dem Buch geleistet hast?

Laura: Ich hatte keinen Ehrgeiz. Auch als das (*New York*)- Institute (*for Gestalt-Therapy*) gegründet wurde, wollte ich gar nicht mitmachen. Ich hatte Angst vor der Öffentlichkeit, vor den Gruppen. So exponiert zu sein, hatte ich davor noch nie erlebt.

Milan: So sprangst du ins kalte Wasser, als du 1949 mit deiner ersten Therapiegruppe zu arbeiten anfingst. Die »Gruppe der Genies«, wie du sie nanntest.

Laura: (Lachen) Ja, das waren die, die dann später Lehrtherapeuten wurden: Paul Goodman, Paul Weisz, Elliot Shapiro und noch zwei brillante Künstler. Ja, das waren die ersten.

Milan: Sozusagen die erste Gestalttherapiegruppe. Hat Fritz Perls zu der Zeit mit einer Gruppe gearbeitet?

Laura: Zu der Zeit war Fritz in Los Angeles, wo er vielleicht auch mit einer Gruppe anfing. Ich kann mich nicht so recht daran erinnern. Das ist schon so lange her. Isador (From) war zu der Zeit, nachdem er bei mir in der Therapie war, auch in Los Angeles.

Milan: All diese Leute waren auch in der Einzeltherapie bei dir?

Laura: Ja, zuerst Patienten und später Kollegen und Freunde.

Milan: Aus deiner ersten Gruppe entstand dann das Institut also?

Laura: Ja. Fritz und Paul waren sehr interessiert daran.

Milan: Wer hat das Institut gegründet?

Laura: Wir fünf: Fritz, zwei Pauls, Elliot und ich. Isador kam dann später dazu.

Milan: Isador From unterscheidet zwischen der Gestalttherapie und der »Gestalt« als einer Verzerrung der Gestalttherapie in Form einer naiven Lebensphilosophie. Einige orten dies sogar geographisch. Wie siehst du das.

Laura: Ich denke, daß es sowas nicht oder nicht mehr gibt. Überall erfahre ich wachsendes Interesse an Theorie. In den 60er und 70er Jahren sah ich es auch so, wie Isador es beschreibt: die Hippie-Periode. Fritz ist irgendwie da mitgegangen. Es war für ihn, glaube ich, eine Erleichterung, an der Westküste zu leben. Für Fritz waren vor allem die beiden Pauls und später auch Isador eine Belastung.

Milan: Im Sinne der Konkurrenz?

Laura: Ja. Das konnte Fritz nie besonders leiden. Er mußte immer der Erste sein. Die Anforderungen, die wir an ihn stellten, behagten ihm nicht. Dadurch sind wir natürlich auch auseinandergekommen. Er dachte, ich wäre zu ehrgeizig und konkurrenzorientiert.

Milan: Stimmt das?

Laura: Nein, das war eine reine Projektion; vor anderen war er stolz auf mich. Als wir dann alleine waren — ja, dann nicht mehr. Am Ende seines Lebens hat er mich wieder akzeptiert.

Milan: Während Fritz Perls in den 60er Jahren als der große Guru gefeiert wurde, wird er heute — häufig sogar von den gleichen Leuten — als »der schmutzige alte Mann« bezeichnet.

Laura: Ja, so wie es gerade jedem paßt.

Milan: Dazu fällt mir folgender Satz ein — ich weiß nicht, wer das gesagt hat: »Das Merkwürdige ist, daß, obwohl wir verschiedener Meinung sind, jeder von uns immer recht hat.« Was hat dir an ihm gefallen?

Laura: Fritz ist außergewöhnlich klug gewesen, sehr witzig, charmant und sehr sexy. Ich erinnere mich, wie er mich zuletzt jemandem vorstellte — als *celebrated director of the N.Y.-Institute. At that point he was celebrating me.*

Milan: Wie hast du dich dabei gefühlt?

Laura: Erfreut auf der einen Seite — *and embarrassed actually.*

Milan: Auch heute, wenn du gefeiert wirst?

Laura: Ja, ich spiele es runter (Lachen). Das ist eine Gewohnheit, die ich schon sehr früh erworben habe. Ich war zu sehr zelebriert schon als Kind. Mir wurde das zuviel. Ich wollte meine Ruhe haben. Schon in der ersten Klasse behauptete ich, daß das, was ich mache, ganz gewöhnlich sei, und jeder könnte es auch machen. Und falls ich etwas besonders Gutes tue, ja, dann habe ich wohl Glück gehabt.

Milan: Wenn dir jemand in der Therapie Ähnliches erzählt, dann antwortest du: »Du hast das getan. Das ist dein Verdienst.« So gebe ich dir das jetzt zurück (Lachen).

Laura: (Lachen) Im Gymnasium war ich dann das einzige Mädchen und noch Jüdin dazu.

Milan: Wie war das für dich als Frau, als Jüdin im damaligen Deutschland?

Laura: Ich habe mich immer 'runtergespielt, damit die bloß nicht merkten, wie gut ich wirklich bin. Ich wußte es: Ich konnte zu dieser Zeit in diesem Deutschland nur als eine Begleiterscheinung existieren.

Milan: Das erinnert mich an deinen Vater.

Laura: Ja, nach außen zeigten wir eine unauffällige Haltung. Es war unangebracht den Wohlstand zur Schau zu tragen.

Milan: Da war es zu gefährlich, an der Grenze zu leben?

Laura: Ja. Als Studentin war ich dann in mehr anarchistischen Kreisen. Da brauchte ich mich nicht so sehr zu verstecken. Die ganze politische Orientierung in damaligen Frankfurter Künstler- und Intellektuellenkreisen ging ins Sozialistische.

Als Fritz dann kam — ja, er war ein Bohèmien aus dem Berlin der 20er Jahre: Expressionismus, Marxismus, Brecht und Weil...

Milan: Bauhaus...

Laura: In New York trafen wir dann Paul, der als politischer Anarchist immer schon seinen eigenen autonomen Weg ging.

Milan: So ist das Konzept der Autonomie und der Selbstbestimmung des Individuums grundlegend für die Gestalttherapie?

Laura: Ja.

Milan: Wie ist dies mit der aktuellen Tendenz zur Institutionalisierung und damit von manchen erhofften Etablierung der Gestalttherapie zu vereinbaren? In der BRD gibt es ja zwei gestalttherapeutische Berufsverbände. In den USA verleihen alle anderen außer dem New Yorker Institut Diplome und Zertifikate.

Laura: Aus meiner Sicht ist dies schlecht zu vereinbaren. Wir haben in New York immer darauf bestanden, eine gewisse Bürokratisierung zu vermeiden.

Durch diese Entwicklung wird die Gestalttherapie weniger gestaltmäßig und mehr an den üblichen institutionellen Betrieb angeglichen. Ich bin sehr skeptisch gegenüber dieser Popularisierung der Gestalttherapie. Manche Gestaltinstitute haben fast Collegebetrieb — und die wollen sich noch erweitern. Eine Organisation ist eine fixierte Gestalt. *Bei soviel Betrieb ist der Dialog nicht mehr im Vordergrund.*

Milan: Gestalttherapie kommt in die Jahre, in welchen viele mehr ans »bequeme Leben« und »Anpassung«, an ihre Karriere denken.

Laura: Vieles hier geht natürlich von den Trends aus, die in dem gesamten gesellschaftlich-kulturellen Feld vorherrschend sind. Da ist immer eine gegenseitige Beeinflussung. Wir leben nicht auf einer einsamen Insel.

Auf der einen Seite wird Gestalttherapie mehr schematisiert und angepaßt, auf der anderen haben wir auch einen gewissen Einfluß auf die gesellschaftliche Entwicklung, und das ist auch unsere Chance, so autonom wie möglich zu bleiben.

Milan: Ich finde bemerkenswert, wie du in dieser von Männern beherrschten Welt so autonom geblieben bist.

Laura: Ja, ich führe keinen Konkurrenzkampf mit den Männern, sondern gehe meinen eigenen Weg. *If one just keeps going, one is liable* to get somewhere. Frauen müssen, um professionell erfolgreich zu sein, viel mehr leisten, intelligenter oder ausdauernder sein als jeder Mann, der das gleiche erreicht.

Milan: Ich finde es interessant, daß die meisten leitenden Funktionen in Gestaltinstituten oder z.B. in der DVG[1] Männer besetzen.

Laura: Ja, das ist ein interessantes Thema. Ich kann aber nur für mich reden. Hast du noch eine letzte Frage?

Milan: Ja, mich interessiert folgendes: Aus dem »Gestalttherapie-Triumvirat« (F. und L. Perls und P. Goodman) bist du die einzige, die noch lebt; von der ursprünglichen New Yorker Gruppe bist du die einzige, die noch professionell aktiv ist. Wie fühlst du dich dabei?

Laura: Ich bin froh, daß ich noch da bin! Die anderen vermisse ich manchmal, vor allem Paul (Goodman), ...er fehlt mir. Auf der anderen Seite geht das Leben weiter. — Ich habe schon Urgroßkinder und noch einiges vor.

1 Deutsche Vereinigung für Gestalttherapie

Quellenhinweis

1. Erziehung zum Frieden (1938): Vortrag unter dem Titel: »How to Train Children for Peace?« Im Rahmen der ersten *Frauenfriedenskonferenz* in Johannesburg, Südafrika (1939). Erstveröffentlichung in vorliegender Publikation.
2. Anmerkungen zum Mythos des Leidens und der Sexualität (1949): Erstveröffentlichung in vorliegender Publikation.
3. Der Psychoanalytiker und der Kritiker (1950): Erschienen unter dem Titel: »The Psychoanalyst and the Critic« in: *Complex*, 2 (1950), S. 41-47
4. Über die Psychologie des Gebens und Nehmens (1953): Zuerst erschienen unter dem Titel: »Notes on the Psychology of Give and Take« in: *Complex*, 9 (1953-4), S. 24-30; Nachdruck in: P.D. Pursglove, *Recognitions in Gestalt Therapy*, New York, 1968.
5. Stützung (Support) — Anmerkungen zu den Grundlagen des Kontaktprozesses (1953): Vorlesungsnotizen aus den Anfangsjahren des *New York Institute for Gestalt Therapy*. Erstveröffentlichung in vorliegender Publikation.
6. Zwei Beispiele für Gestalttherapie (1956): Zuerst erschienen unter dem Titel »Two Instances of Gestalt Therapy« in: *Case Reports in Clinical Psychology*, 2 (1956), S. 139-146; Nachdruck in P.D. Pursglove, *Recognitions in Gestalt Therapy*, New York, 1968.
7. Der Gestalt-Ansatz (1959): Auf der vierten jährlichen Konferenz der *American Academy of Psychotherapy* in New York im Jahre 1959 wurden führende Psychotherapeuten fünf verschiedener Therapieschulen zu ihrer Praxis befragt. Dieser Aufsatz entstand aus Laura Perls Antworten auf diese Befragung. Zuerst erschienen unter dem Titel: »The Gestalt Approach« in: *Annals of Psychotherapy*, Vol. 1/2 (1961); modifizierter Nachdruck in: J. Fagan und I.L. Shephard (Hrsg.), *Gestalt Therapy Now*, Palo Alto, 1970.

8. Bemerkungen zur Angst und Furcht (1965): Vorlesungsnotizen für die Trainingskurse am *New York Institute for Gestalt Therapy.* Erstveröffentlichung in vorliegender Publikation.
9. Einige Aspekte der Gestalt-Therapie (1972): Vortrag unter dem Titel »Some Aspects of Gestalt Therapy« gehalten bei der Konferenz der *Mid-Atlantic Group Therapy Association,* Washington, D.C., USA (1972). Erschienen in *Ortopsychiatric Association,* 1973. Deutschsprachige Erstveröffentlichung in: *Gestalt-Bulletin,* I. Jg., 1/2 (1979).
10. Grundlegende Begriffe und Konzepte der Gestalttherapie (1974): Erschienen unter dem Titel: »Comments on the New Directions« in: E.W.L. Smith (Hrsg.), *The Growing Edge of Gestalt Therapy,* Seaucus, New Jersey, 1976.
11. Begriffe und Fehlbegriffe der Gestalttherapie (1977): Vortrag anläßlich der Konferenz der *Europäischen Gesellschaft für Transaktionsanalyse* in Seefeld, Österreich, 1977.
    Erschienen unter dem Titel: »Concepts and Misconceptions of Gestalt Therapy« in *Voices,* Vol. 14, 3 (1978). Deutschsprachige Erstveröffentlichung in: F.S. Perls, *Gestalt-Wachstum-Integration,* Paderborn, 1980.
12. Commitment (1985). Eröffnungsrede anläßlich der jährlichen Konferenz über die Theorie und Praxis der Gestalt-Therapie, die von *Gestalt Journal* in Provincetown, Massachussets, U.S.A. (1985) organisiert wurde. Erschienen unter dem Titel: »Opening Address« in: *The Gestalt Journal,* Vol. IX, 1, Spring, 1986.
13. Jeder Roman ist eine Falldarstellung (1988): Vortrag anläßlich der Mitgliederversammlung des *New York Institute for Gestalt Therapy* in New York, 1988. Erstveröffentlichung in vorliegender Publikation.
14. Ein Workshop (1980). Transkript eines Workshops mit Laura Perls, das von *American Academy of Psychotherapists* anläßlich der jährlichen Konferenz in New York (1980) organisiert wurde. Teile dieses Transkripts veröffentlicht unter dem Titel: »A Workshop with Laura Perls« in: *Voices,* Vol. 18, N. 2. Summer 1982. Veröffentlichung mit freundlicher Genehmigung der *American Academy of Psychotherapists.*
15. Leben an der Grenze — Ein Gespräch mit Milan Sreckovic — (1987): Erschienen in: *Gestalttherapie,* 2. Jg., 1 (1988).

Gary M. Yontef

AWARENESS, DIALOG, PROZESS: WEGE ZU EINER RELATIONALEN GESTALTTHERAPIE

ISBN 3-89797-001-5 / 416 Seiten

In den letzten Jahren ist die Entwicklung in Richtung auf eine dialogisch orientierte, eine ›relationale‹ Gestalttherapie weitergegangen, in der die Therapie von Therapeut und Patient co-konstruiert wird. Der Patient wird nicht vom Therapeuten irgendwo hingeführt.

„Ich betrachte die gestalttherapeutische Theorie und Praxis als ein lebendiges System. Nur wenn wir uns als Gestalttherapeuten und -theoretiker dialogisch engagieren, nur wenn wir uns einlassen auf den Dialog mit Patienten, mit anderen Denksystemen und Methoden, wenn wir auf die sich wandelnden Bedingungen in der Welt zugehen, nur dann können wir Verstehen fördern.

Theorie als Dialog ist das systematische geistige Fundament unserer klinischen Praxis. Die dialogische Theorie ist ein Weg, die therapeutische Beziehung und das experimentelle Vorgehen zu stützen; beide, die therapeutische Beziehung wie das Experimentieren, werden in der gestalttherapeutischen Theorie als Dialog gesehen. Theorie ist schriftliches und systematisch-verstandesmäßiges Rechenschaftgeben; Theorie erwächst aus menschlicher Beziehung."

„Gary Yontefs Buch ist die bedeutsamste Ergänzung des Bestandes der Gestalttherapie-Literatur in den letzten zwanzig Jahren ... wird mit Sicherheit zum Grundlagentext in allen Gestalttherapie-Ausbildungen."

The Gestalt Journal

Frank-M. Staemmler (Hg.)

GESTALTTHERAPIE IM UMBRUCH

Von alten Begriffen zu neuen Ideen

ISBN 3-8797-013-9 / 222 Seiten

Nach fünfzig Jahren befindet sich die Gestalttherapie im Umbruch - in einer Krise? Seit den 60er Jahren hat sie sich erfolgreich im klinischen Bereich etabliert und gehört zu den am weitesten verbreiteten Verfahren, auch in Pädagogik und Organisationsentwicklung.

Führende internationale Autoren begreifen diese Phase als eine Option auf die Zukunft. Sie belegen die unverkennbare Dynamik der Gestalttherapie: Sie hat ihre innovative Kraft nicht verloren, ist vielmehr sehr lebendig und ihre Kreativität liegt darin, sowohl neue Ansätze aus sich selbst heraus zu entwickeln, als auch Überlegungen aus anderen therapeutischen, psychologischen, philosophischen Quellen zu integrieren. Zentrale Begriffe der Gestalttherapie werden dargestellt, um - kreativ an die Tradition anknüpfend - einen Ansatzpunkt für eine Zwischenbilanz zu finden: Verantwortung (*Stefan Blankertz*), Bewusstheit (*Iris E. Fodor*), Wachstum (*Reinhard Fuhr / Martina Gremmler-Fuhr*), Ganzheitlichkeit (*Joel Latner*), Ich und Du (*Christoph J. Schmidt-Lellek*), Hier und Jetzt (*Frank.-M. Staemmler*).

Gestalttherapie ist die Psychotherapie für das 21. Jahrhundert!
Robert Harman